BIBLIOTHÈQUE
DES ÉCOLES ET DES FAMILLES

FÉLIX CLÉMENT

LES GRANDS MUSICIENS

PARIS
LIBRAIRIE HACHETTE ET Cⁱᵉ
79, BOULEVARD SAINT-GERMAIN, 79

LES GRANDS MUSICIENS

COULOMMIERS

Imprimerie PAUL BRODARD.

LES
GRANDS MUSICIENS

PAR

FÉLIX CLÉMENT

SIXIÈME ÉDITION

PARIS
LIBRAIRIE HACHETTE ET Cie
79, BOULEVARD SAINT-GERMAIN, 79
1908

LES GRANDS MUSICIENS

PALESTRINA (Giovanni Pierluigi de)

NÉ EN 1524, MORT EN 1594

Giovanni Pierluigi naquit en 1524 à Palestrina, l'ancienne Préneste, petite ville des États Romains, du nom de laquelle on a l'habitude de l'appeler. Cet illustre compositeur occupe une des premières places dans l'histoire de la musique. Une grande obscurité plane sur sa jeunesse; on sait seulement que ses parents étaient pauvres et que c'est comme enfant de chœur qu'il apprit les éléments de la littérature et de la musique. On remarquera que c'est là le début ordinaire des plus grands compositeurs. En 1540 il se rendit à Rome, où il étudia la musique religieuse dans la fameuse école fondée par Goudimel. Onze ans plus tard, en 1551, sous le pontificat de Jules III, nous retrouvons Palestrina maître des enfants de chœur de la chapelle Giulia. Il avait alors vingt-sept ans. Trois ans après, il publiait son premier recueil de compositions, dans lequel on distingue quatre messes à quatre voix et une à cinq.

Jules III accepta la dédicace de ce recueil et conçut une telle estime pour son auteur, qu'il le fit entrer parmi les chantres de sa chapelle pontificale, sans examen, malgré ses propres statuts, à l'exécution desquels il veillait avec une grande sévérité et par un ordre exprès signifié à ses chapelains-chantres. Ceux-ci accueillirent avec froideur le nouveau collègue qui devait jeter tant d'éclat sur leur compagnie et consignèrent dans le journal de la chapelle, à la date du 13 janvier 1555, que cette admission s'était faite sans leur consentement. Le pape Jules III mourut cinq semaines après, et son successeur, le pape Marcel II, ne conserva que vingt-trois jours le pouvoir pontifical. C'est de cette époque que date la fameuse messe connue sous le nom de *Messe du pape Marcel*.

Paul IV déploya une grande ardeur dans la réforme de son clergé et de sa cour. Il commença par s'occuper de la chapelle pontificale et par remettre en vigueur, l'article du règlement interdisant à tout laïque les fonctions de chantre. Palestrina, marié jeune à une femme dont on ne connaît que le prénom de Lucrezia, avait alors quatre fils; les chantres, malgré leur jalousie contre Palestrina, plaidèrent sa cause; Paul IV fut inflexible, il accorda au disgracié une pension de six écus par mois à titre d'indemnité.

Palestrina ne put supporter un pareil coup, auquel il était loin de s'attendre; il tomba gravement malade; on vit alors ses anciens collègues lui prodiguer une affection toute fraternelle et lui donner des preuves d'un parfait dévouement. Heureusement pour Palestrina, les offres avantageuses ne lui manquèrent pas, et le 1er octobre 1555, deux mois après son exclusion de la chapelle pontificale, il devenait maître de chapelle de Saint-Jean de Latran.

Pendant les cinq années que Palestrina conserva cette fonction très honorable, mais fort peu rétribuée, il consacra ses loisirs à composer plusieurs ouvrages remarquables, parmi lesquels je citerai les célèbres *Improperii* de l'office de la semaine sainte.

Le 1er mars 1561, il quitta Saint-Jean de Latran pour entrer

PALESTRINA

à la chapelle de Sainte-Marie-Majeure, où il resta jusqu'au 31 mars 1571 : dix années qui comptent parmi les plus brillantes de la carrière de l'illustre compositeur.

En 1569, Palestrina publia le deuxième livre de ses messes, suivi en 1570 du troisième livre, dédiés tous deux au roi d'Espagne Philippe II et un livre de motets sous le patronage du cardinal Hippolyte d'Este. A partir de cette époque, ses ouvrages se succédèrent rapidement et obtinrent le plus brillant succès. Après la mort d'Animuccia, en mars 1571, Palestrina fut nommé maître de chapelle de Saint-Pierre du Vatican, directeur de la musique de l'Oratoire et de l'école de contrepoint fondée par Jean-Marie Nanini. Lorsque le pape Grégoire XIII songea à réformer le chant religieux, il en chargea spécialement Palestrina, qui s'adjoignit son élève Guidetti.

Le 21 juillet 1580, la femme de Palestrina mourut. La perte d'une compagne qu'il chérissait tendrement causa le plus profond chagrin au grand réformateur de la musique religieuse. On trouve même des marques de découragement dans le passage suivant de la dédicace qu'il fit au pape Sixte V du premier livre de ses *Lamentations*. « Très Saint-Père (dit-il), l'étude et les soucis ne purent jamais s'accorder, surtout lorsque ceux-ci viennent de la misère. Quand on possède le nécessaire, demander davantage est manquer de modération et de tempérance; on peut facilement se délivrer des autres soins, et celui qui ne s'en contente point ne peut que s'accuser lui-même. Mais ceux qui l'ont éprouvé savent seuls combien il est pénible de travailler pour maintenir honorablement soi et les siens, et combien cette obligation éloigne l'esprit de l'étude des sciences et des arts libéraux. J'en ai toujours fait la triste expérience, et maintenant plus que jamais. Toutefois je rends grâces à la bonté divine qui a permis que, malgré mes plus grands embarras, je n'aie jamais interrompu l'étude de la musique (où j'ai trouvé aussi une utile diversion à mes chagrins), dans la carrière que j'ai parcourue et dont le terme approche. J'ai publié un grand nombre de mes compositions, et j'en ai beaucoup d'autres dont l'impression n'est retardée que par ma pauvreté ; car c'est une dépense considérable, particulièrement à cause des gros caractères de notes et des lettres nécessaires pour que l'usage en soit commode dans les églises. »

Les dernières années de la vie de Palestrina furent des plus tristes. La maladie dont il était atteint depuis la mort de sa femme, ayant fait de rapides progrès, il ne put se dissimuler que sa fin approchait ; il fit alors venir le seul fils qui lui restât, Hygino, et lui adressa ces dernières paroles : « Mon fils, je vous laisse un grand nombre d'ouvrages inédits ; grâce au père abbé de Baume, au cardinal Aldobrandini et au grand-duc de Toscane, je vous laisse aussi ce qui est nécessaire pour les faire imprimer ; je vous recommande que cela se fasse au plus tôt pour la gloire du Tout-Puissant, et pour la célébration de son culte dans les saints temples. » Le 2 février 1594, le pieux maître de chapelle rendait son âme à Dieu.

On fit à Palestrina des obsèques dignes du rôle important qu'il avait rempli ; tous les musiciens de Rome eurent à cœur de concourir à l'éclat du service célébré en son honneur. Il fut inhumé dans le Vatican.

L'ensemble de ses deux cents compositions est une des plus étonnantes productions de l'esprit humain. Sous sa plume, l'harmonie consonante a atteint le plus haut degré de la perfection. On peut dire que l'art était aux yeux de Palestrina la *splendeur de l'ordre*. Tout y est harmonie, équilibre, pondération ; c'est une architecture parfaite.

LULLI

NÉ EN 1633, MORT EN 1687

Les destins de la musique sont plus changeants que ceux des autres arts ; quelques amateurs seulement connaissent aujourd'hui les œuvres lyriques de Lulli, ces compositions déclarées inimitables au temps où elles parurent et qui se distinguent par la grâce, la noblesse et une déclamation pleine de goût. Le maître florentin a été de fait presque l'unique musicien habile qu'il y eût en France au dix-septième siècle, et la postérité n'oubliera jamais l'homme qui a pris l'opéra français des mains de Cambert pour le porter au point de perfection où il est resté jusqu'à Rameau.

Jean-Baptiste de Lulli naquit à Florence, en 1633. Il ne semble pas que sa famille se trouvât dans une grande aisance, car son père n'hésita pas à s'en débarrasser, lorsque, en 1646, le chevalier de Guise, qui voyageait alors en Italie, lui proposa d'emmener l'enfant pour en faire cadeau à mademoiselle de Montpensier. L'instruction de Lulli, puisée dans les leçons d'un vieux cordelier, se réduisait à savoir lire, écrire, et jouer de la guitare ; mais son intelligence, manifestée par de spirituelles saillies, le rendait très propre au rôle qu'on lui destinait, celui d'amuser les loisirs de la *Grande Mademoiselle*, en attendant que la Fronde offrît d'autres distractions à cette princesse.

Le jeune Italien plut d'abord à mademoiselle de Montpensier, qu'il égayait autant par son divertissant esprit que par son baragouin mélangé de toscan et de français. Mais les agréments de sa position ne durèrent pas longtemps. Lorsqu'il sut assez bien notre langue pour s'exprimer à peu près comme tout le monde, on ne lui trouva plus le même attrait : il eut le chagrin de se voir réformé et employé dans les cuisines de l'hôtel. Les marmitons de la princesse ne purent qu'être charmés de compter parmi eux un mélomane qui, dans les intervalles de ses occupations, leur donnait des concerts improvisés, en raclant un mauvais violon. C'est pendant qu'il se trouvait dans ce milieu vulgaire qu'il composa, dit-on, l'air *Au clair de la lune*.

Le comte de Nogent vint à connaître par hasard les heureuses dispositions du jeune Lulli et en parla à mademoiselle de Montpensier. Celle-ci fit donner des leçons de musique au futur compositeur, qui ne tarda pas à figurer au nombre de ses musiciens. Lulli apprit le clavecin et la composition sous la direction de Metru, Roberdet et Gigault, organistes de Saint-Nicolas-des-Champs. Malheureusement, la patronne dont le sort l'avait gratifié prêtait par plus d'un côté au ridicule ; incapable de contenir son humeur caustique, il trouva plaisant de se mettre du côté des rieurs. Une chanson satirique contre sa bienfaitrice, chanson qu'il mit étourdiment en musique, lui valut son congé. Ayant déjà acquis quelque réputation par son talent, Lulli put entrer dans la *grande bande des violons du roi*, Louis XIV eut l'occasion d'apprécier personnellement sa valeur, et, non content de lui donner en 1652 l'inspection générale de ses violons, il le mit à la tête d'une seconde bande d'artistes organisée tout exprès pour lui et qu'on appela les *petits violons*. Ces derniers devinrent bientôt, grâce aux soins habiles de leur directeur, les meilleurs exécutants de France.

Les seuls divertissements lyriques que connût alors la cour se réduisaient à des *ballets* ou *mascarades*; le ballet d'*Alci-*

dione (1658), celui des *Arts* (1663), celui de l'*Amour déguisé* (1664), d'autres encore dont Lulli fit la partie musicale, établirent d'autant plus facilement sa renommée dans l'entourage du monarque, que la France se trouvait alors vis-à-vis de l'Italie dans un état honteux d'infériorité artistique. Le compositeur se lia avec Molière en 1664, et, à partir de la *Princesse d'Élide*, il collabora à toutes celles de ses pièces où une place est réservée à la musique.

Tout *maestro* qu'il fût, Lulli figura parmi les danseurs de la cour jusqu'en 1660, et depuis on le vit plus d'une fois reparaître sur le théâtre pour jouer des rôles dans des comédies de Molière, notamment dans *M. de Pourceaugnac* et dans le *Bourgeois gentilhomme*. Le rôle du *Mufti* enjolivé de force *cascades*, comme on dit maintenant, fit tant de plaisir à Louis XIV, qu'il réconcilia un jour le monarque avec le musicien menacé d'une disgrâce. Le roi, qui avait sur le cœur quelque peccadille de notre artiste, ne put garder son sérieux ni sa rancune quand il le vit, dans le rôle du Mufti, se dérober à la poursuite de M. Jourdain en se précipitant dans l'orchestre, où il tomba jusqu'à mi-corps dans le clavecin, qu'il défonça. Ne jugeons pas de la condition des esprits au dix-septième siècle, d'après celle que leur ont faite les habitudes de notre temps. On a pu déplorer que Molière ait été à la fois acteur et Molière, mais on n'a jamais songé à le lui reprocher, puisque c'était alors le seul moyen de donner une existence aux productions de son génie, dont il avait certainement conscience. Shakespeare n'a-t-il point aussi paru sur les planches ?

Lulli avait déjà composé de nombreux morceaux pour la chambre et la chapelle du roi, quand, profitant de sa faveur croissante auprès du maître, il obtint que le privilège de l'Académie royale de musique fût retiré à l'abbé Perrin et à Cambert, pour lui être octroyé à lui-même (1672).

Cette année 1672 marque en effet l'entrée de Lulli dans la carrière qu'il a parcourue avec tant d'éclat et pour l'honneur éternel de notre scène lyrique. Son premier opéra, les *Fêtes de l'Amour et de Bacchus*, est une pastorale en trois actes et un prologue, dont les paroles sont de plusieurs auteurs, entre autres, Molière, Benserade et Quinault. Cet ouvrage fut représenté au théâtre de Bel-Air, rue de Vaugirard, par l'Académie royale de musique, le 15 novembre 1672. On y a remarqué l'introduction de personnages contemporains au milieu des habitants de l'Olympe, et, par suite de ce mélange, le passage fréquent du ton épique au dialogue familier.

L'année suivante (1673), l'Académie royale de musique donna *Cadmus et Hermione*, tragédie-lyrique en cinq actes et un prologue. Quinault, qui était pour un cinquième dans le livret des *Fêtes de l'Amour et de Bacchus*, devint depuis *Cadmus et Hermione* le collaborateur assidu de Lulli, à raison de 4000 livres par pièce. Féconde association où, quoi qu'en ait dit Boileau, le poète ne se montra pas au-dessous de sa tâche. Il a d'ailleurs été hautement réhabilité par Voltaire, aussi bon juge des choses de goût que l'étroit régulateur du Parnasse. Quant au style du compositeur, empreint de cette noblesse soutenue qui semble la marque distinctive du grand siècle dans les œuvres d'art, il ne lui manque peut-être, pour charmer encore nos oreilles, que d'être relevé par une orchestration plus forte.

L'artiste avait révélé son génie dramatique dans *Cadmus et Hermione;* il manifesta les mêmes qualités dans son *Alceste*, jouée en 1074. Dans cet opéra, Straton et Lycas font diversion au dévouement d'Alceste, à la douleur conjugale d'Admète et au courage aventureux d'Hercule. Mais cette immixtion de la comédie dans le drame antique, médiocrement goûtée des lecteurs de Corneille et de Racine, resta le dernier essai tenté dans ce sens à l'Opéra. *Thésée* est un des meilleurs ouvrages de Lulli, au double point de vue de l'intérêt dramatique et de la musique. Les airs de soprano *Revenez amour* et *Dépit mortel* ont joui alors d'une grande vogue. L'année suivante (1676), le compositeur donna *Atys*, opéra qui fut regardé dans le temps comme son chef-d'œuvre. On remarqua beaucoup l'air chanté par la nymphe Sangaride : *Atys est trop heureux*. Louis XIV, le jour de son mariage avec madame de Maintenon, lui demanda quel était l'opéra qu'elle préférait ; elle connaissait le goût du roi : « C'est *Atys*, » répondit-elle. « Madame, reprit le monarque, Atys est trop heureux. »

On avait appelé *Atys* l'opéra du roi ; on appela *Isis* l'opéra des musiciens. Le sujet de cette pièce, représentée le 5 janvier 1677, est l'aventure de la nymphe Io que l'amour de Jupiter expose à la jalousie de Junon, et qui finit par être placée parmi les divinités célestes sous le nom d'Isis. Ce qu'on applaudit le plus, ce fut le trio des Parques : *le Fil de la vie*. Tandis qu'on acclamait la partition, on faisait au livret un succès d'allusion, dont le pauvre Quinault se serait fort bien passé. Les mauvais plaisants affectaient de reconnaître la jalouse Montespan dans le personnage de Junon. Quoique, selon toute apparence, le poète n'y eût point entendu malice, la colère de l'altière Vasthi s'en prit à lui et le tint pendant deux ans éloigné du théâtre. Lulli, au désespoir, dut s'adresser, pour avoir des poèmes, à Corneille, à Boileau, à Fontenelle et à La Fontaine ; mais ces auteurs, en dépit de tout leur talent, faisaient de détestables vers lyriques. Le compositeur exigeait qu'ils recommençassent leur besogne dramatique scène par scène, et il ne lui arrivait pas toujours d'être satisfait de la seconde épreuve. Qu'on juge de l'irritation des plus beaux esprits du temps, en se voyant soumis aux caprices d'un musicien étranger. Ils furent violents et sans pitié.

Vouée à l'animadversion des écrivains contemporains, la mémoire de Lulli n'est arrivée jusqu'à nous qu'à travers mille calomnies qui la déshonorent en la faussant. La plupart des biographes ont accepté, *sans les discuter*, ces imputations injurieuses que leur violence même aurait dû rendre suspectes à une critique judicieuse.

Enfin le compositeur obtint qu'on lui rendît Quinault, et ce
fut avec lui qu'il travailla à l'opéra de *Proserpine*, représenté
en 1680. L'année suivante est une date mémorable dans l'histoire de la danse. Le *Triomphe de l'Amour*, opéra-ballet
donné à l'Académie royale de musique, le 6 mai 1681, est le
premier où l'on ait vu danser des femmes sur le théâtre.
Jusqué-là l'art chorégraphique était exercé par des hommes
revêtus de costumes féminins. Lulli eut le mérite de sentir
l'absurdité de cet usage et de le remplacer par une innovation
qui fit fortune. A cet ouvrage succéda *Persée*, dont Quinault
avait pris l'idée dans une tragédie de Thomas Corneille, intitulée *Andromède*.

L'entrée de Méduse, au commencement du troisième acte,
est un morceau qui vaut la peine d'être reproduit, ne fût-ce
que pour montrer le cas qu'on doit faire de certaines critiques
de Boileau :

> J'ai perdu la beauté qui me rendait si vaine;
>   Je n'ai plus ces cheveux si beaux
>   Dont autrefois le Dieu des eaux
> Sentit lier son cœur d'une si douce chaîne.
>   Pallas, la barbare Pallas,
>   Fut jalouse de mes appas
> Et me rendit affreuse autant que j'étais belle :
> Mais l'excès étonnant de la difformité
>   Dont me punit sa cruauté,
>   Fera connaître en dépit d'elle
>   Quel fut l'excès de ma beauté.
> Je ne puis trop montrer sa vengeance cruelle.
> Ma tête est fière encor d'avoir pour ornement
>   Des serpents dont le sifflement
>   Excite une frayeur mortelle.
> Je porte l'épouvante et la mort en tous lieux;
> Tout se change en rocher à mon aspect horrible;
> Les traits que Jupiter lance du haut des cieux
>   N'ont rien de si terrible
>   Qu'un regard de mes yeux.
> Les plus grands dieux du ciel, de la terre et de l'onde
> Du soin de se venger se reposent sur moi.
> Si je perds la douceur d'être l'amour du monde,
> J'ai le plaisir nouveau d'en devenir l'effroi.

Nos compositeurs n'ont pas souvent de si bons vers à mettre en musique.

Quoique *Phaéton* (27 avril 1683) ait été surnommé l'opéra du peuple, sans doute à cause de la magnificence du spectacle, il ne mérite pas moins qu'*Isis* le titre d'opéra des musiciens pour les beautés d'un ordre élevé qu'il renferme. Parmi les parodies qui furent faites de cet ouvrage, on peut signaler comme l'une des plus amusantes celle intitulée *le Cocher maladroit.*

Après *Phaéton*, *Amadis* (15 janvier 1684) ; après *Amadis*, *Roland* (8 février 1685), celle de ses compositions que Lulli estimait le plus. Il est superflu de parler de succès à propos d'opéras qui parurent des merveilles inouïes au sortir de la longue barbarie musicale dans laquelle la France était restée plongée.

Le jour où devait avoir lieu à Versailles la première audition d'*Armide*, des contretemps se produisirent au moment de la représentation. Le roi, s'impatientant de ne point voir lever le rideau, dépêcha à Lulli un officier des gardes pour lui témoigner son mécontentement. Ces mots : « Le roi attend » ne provoquèrent de la part du compositeur qu'une réponse aussi vive que peu respectueuse : « Le roi peut bien attendre, répondit-il, il est le maître ici, et personne n'a le droit de l'empêcher d'attendre tant qu'il voudra. » Parole imprudente dans sa brusquerie ingénieuse. Les courtisans crurent perdu celui qui avait osé la proférer, et quand l'opéra fut donné à l'Académie royale de musique, le 15 février 1686, les spectateurs, qui craignaient de se compromettre en applaudissant, firent à l'ouvrage l'accueil le plus froid. Convaincu du mérite de sa partition, Lulli la fit exécuter pour lui seul. Louis XIV l'apprit et se ravisa, car il ne pouvait croire qu'une œuvre que son musicien avait trouvée bonne ne le fût pas réellement.

La dernière production dramatique de Lulli est *Acis et Galatée*, pastorale en trois actes, dont les paroles sont de Gampistron, et qui fut représentée en 1687. L'artiste s'était d'abord adressé à La Fontaine pour obtenir un livret, mais il ne put se servir de celui que le bonhomme lui fournit. Trois livrets refusés tour à tour, *Daphné*, *Astrée*, *Acis et Galatée*, excitèrent la bile du fabuliste. Il témoigna son humeur dans une satire contre le musicien:

> Le Florentin
> Montre à la fin
> Ce qu'il sait faire.
> Il ressemble à des loups qu'on nourrit, et fait bien;
> Car un loup doit toujours garder son caractère,
> Comme un mouton garde le sien, etc...
> Chacun voudrait qu'il fût dans le sein d'Abraham;
> Son architecte et son libraire,
> Et son voisin et son compère,
> Et son beau-père,
> Sa femme et ses enfants et tout le genre humain,
> Petits et grands dans leurs prières
> Disent, le soir et le matin :
> Seigneur, par vos bontés pour nous si singulières,
> Délivrez-nous du Florentin.

Lulli aimait passionnément son art, sa femme et ses enfants. Madame de Sévigné, cette femme si franche qui ne savait ni ne voulait rien cacher, parle avec éloge et sympathie de Baptiste. Elle ne se serait pas fait faute de glisser quelque mot malicieux à son adresse si elle eût pensé le faire avec justesse. Racine et Molière se sont tenus à l'écart de toutes ces rancunes d'hommes de lettres, parce qu'ils ont compris et aimé la musique mieux que les autres poètes de cette pléiade glorieuse.

Le 8 janvier 1687, l'artiste faisait exécuter aux Feuillants de la rue Saint-Honoré un *Te Deum* composé pour la convalescence de Louis XIV. Dans le feu de l'exécution, il se frappa le bout du pied avec sa canne qui lui servait de bâton de mesure. Un abcès de la nature la plus maligne en résulta. Le mal gagna rapidement tout le pied, puis la jambe. L'amputation aurait pu sauver le malade; mais Lulli, répugnant à l'opération proposée par le chirurgien, préféra se remettre aux mains d'un empirique qui se faisait appeler *le marquis de Carrette*. Les soins de ce charlatan furent impuissants à combattre la gangrène de jour en jour plus effrayante, et le malheureux compositeur expira à Paris le 22 mars 1687.

Après la mort de son mari, madame Lulli demanda la chapelle de Saint-Jean-Baptiste dans l'église des Petits-Pères pour y établir sa sépulture et celle de sa famille. Elle lui fut accordée, et le contrat fut passé le 5 mars 1688. Nous avons la description du somptueux monument qu'elle fit ériger en 1690 par le sculpteur Cotton. Le tombeau de Lulli fut enlevé en 1796 et placé dans le musée de la République française. Mais sous la Restauration, en 1817, il fut restitué à l'église et reconstruit deux chapelles plus loin que celle où il avait été primitivement ; il subit alors divers changements regrettables. Cependant on a conservé la plaque de marbre sur laquelle a été gravée une épitaphe due à la plume du poète Santeul.

Les ossements de Lulli étaient restés dans le caveau où ils avaient été déposés, ainsi que ceux de sa femme, Madeleine Lambert, de leurs enfants et de Michel Lambert, le musicien. Mais voilà que, les 17 et 18 mai 1871, des scélérats, non satisfaits d'avoir mis au pillage le sanctuaire vénéré de Notre-Dame des Victoires, violèrent les sépultures, retirèrent des souterrains les ossements, les étalèrent devant le portail de l'église, en formant des pyramides qu'ils couronnèrent de têtes de squelettes, faisant croire à une populace stupide que c'étaient là les restes des victimes du clergé. Ce que la Terreur avait épargné fut dispersé à jamais par les fédérés de la Commune de Paris.

RAMEAU

NÉ EN 1683, MORT EN 1764

Rameau, le plus grand musicien français du dix-huitième siècle, domine son époque par la double gloire du théoricien et de l'artiste.

La patrie de Bossuet s'honore d'avoir aussi donné le jour à Jean-Philippe Rameau. L'illustre compositeur naquit à Dijon, le 25 septembre 1683. Son père et sa mère, qui aimaient la musique, lui en donnèrent les premières leçons, et si rapides furent ses progrès, qu'à l'âge de sept ans il n'était point de partition qu'il ne pût lire et exécuter *a prima vista* sur le clavecin : initiation excellente pour un futur artiste, mais mauvaise préparation pour entrer dans la magistrature, carrière à laquelle ses parents le destinaient. Lorsque l'enfant eut été mis au collège des jésuites, ses goûts natifs, loin de se modifier sous l'influence de l'*Appendix de diis* et de l'*Apollineum opus*, le portèrent à négliger les études classiques, tandis qu'il couvrait ses livres et ses cahiers de traits de solfège et de fragments de sonates.

Las de garder un tel élève dans leur établissement, les bons Pères prirent le parti de le rendre à sa famille, avant qu'il eût achevé sa quatrième. Reprenant les occupations de son enfance, il étudia le mécanisme du clavecin, de l'orgue et du violon, apprit de son père et de quelques organistes de la ville les éléments du contrepoint; bref, il s'attacha à épuiser au profit de son éducation musicale les maigres ressources que Dijon pouvait lui offrir.

Le père de Rameau envoya Jean-Philippe en Italie, avec l'espoir que son goût se formerait par l'audition des opéras de ce pays. Mais le jeune homme avait alors dix-huit ans (1701), son oreille était faite à la musique française; aussi les mélodies de Scarlatti, de Lotti et de Caldara firent peu d'impression sur lui; peut-être eût-il retiré plus de fruit de son voyage s'il l'eût poussé plus loin, mais il ne dépassa pas Milan : encore n'y fit-il qu'un séjour de peu de durée. Pour revenir, il s'engagea comme premier violon dans la troupe d'un directeur de théâtre en quête d'un orchestre; il parcourut ainsi les principales villes du Midi, entre autres Marseille, Lyon, Nîmes et Albi; ces tournées commencèrent sa réputation de claveciniste.

Après plusieurs années d'absence, Rameau revit sa ville natale, où on lui offrit la place d'organiste de la Sainte-Chapelle. Son intention n'était pas de vivre obscurément en province, et, persuadé qu'un plus vaste théâtre était réservé à ses talents, il refusa les fonctions qu'on lui proposait pour aller chercher la gloire à Paris. Quand il y arriva, en 1717, il était âgé déjà de trente-quatre ans, et aucune production ne recommandait encore son nom à l'attention publique. Marchand faisait alors les beaux jours de l'église des Grands-Cordeliers; il y avait foule chaque fois qu'il y touchait de l'orgue. L'artiste dijonnais ne fut pas un des moins assidus à aller l'entendre; il étudia son jeu, se lia avec lui et put croire un moment avoir gagné son appui; en quoi il se trompait. Le célèbre organiste, après quelques leçons données au musicien provincial, devina en lui un futur rival, et se garda d'encourager ses efforts. Ce fut lui qui, appelé à juger le concours ouvert entre Daquin et Rameau pour la place d'organiste de Saint-Paul, décida en faveur du premier, bien qu'il fût de beaucoup inférieur à son concurrent. Celui-ci, privé par un acte d'insigne partialité des ressources qui auraient pu le soutenir à Paris, dut ajourner la réalisation de ses rêves ambitieux et accepter l'orgue de Saint-Étienne à Lille. Au surplus, cette situation ne fut que transitoire, car son frère Claude Rameau, qui était organiste de la cathédrale de Clermont-Ferrand, étant venu à se démettre des fonctions qu'il remplissait, il ne tarda pas à lui succéder dans cette place.

Nul doute que quatre années passées dans le silence, le recueillement et la solitude n'aient eu une heureuse influence sur les élucubrations de notre musicien. Sa pensée appliquée à la recherche des lois de l'harmonie n'était point distraite par ces mille circonstances extérieures qui nous arrachent à nous-mêmes et rendent le travail intellectuel si difficile dans les centres populeux et bruyants. C'est un fait digne de remarque, qu'un des plus importants ouvrages scientifiques sur la musique ait été conçu et élaboré dans les lieux où était né le géomètre Pascal.

L'œuvre achevée, il fallait la produire, la faire apprécier par les gens du métier, et pour cela aller à Paris. Mais un engagement à long terme liait Rameau au chapitre. Ni l'évêque ni ses chanoines ne tenaient à se séparer d'un organiste habile dont on admirait les motets et dont les pièces de clavecin étaient déjà fort estimées par les amateurs de la ville. « Puisqu'ils ne veulent pas me laisser partir, se dit-il, je les forcerai à me chasser. » Dès ce moment, l'orgue de la cathédrale ne rendit plus sous ses doigts que des sons barbares qui écorchaient les oreilles au lieu de les charmer. On se montra de facile composition avec Orphée depuis qu'Orphée s'était déguisé en Marsyas. Heureux de recouvrer sa liberté, Rameau ne voulait point cependant que sa considération d'artiste reçût aucune atteinte de la supercherie à laquelle il avait dû recourir; aussi, la dernière fois qu'il se fit entendre à Clermont, il joua de manière à laisser de vifs regrets chez tous les assistants.

Il arriva à Paris en 1721, et publia l'année suivante le *Traité de l'harmonie réduite à ses principes naturels*. C'était une science nouvelle qui faisait son apparition. Il se révéla comme artiste par la publication de quelques cantates et de ses sonates de clavecin, après s'être fait connaître comme théoricien par son savant traité. Les élèves accoururent, et sa réputation grandit par les disciples qu'il forma. Enfin la place d'organiste de l'église Sainte-Croix-de-la-Bretonnerie acheva de le mettre au-dessus du besoin et lui permit de se livrer à ses études favorites. Piron, son compatriote, se distinguait par le débraillé des mœurs et l'amour de la dive bouteille. Si différent que fût le caractère de ces deux hommes, le théâtre les rapprocha. Le poète écrivait des comédies pour la foire Saint-Germain; le musicien y introduisit des chants et des danses.

Au nombre des élèves de Rameau figurait la femme du fermier général La Popelinière. L'artiste se trouva heureux de cette circonstance, car il devint l'ami du mari, qui mit à son service un excellent orchestre. Possesseur d'une immense fortune, La Popelinière aimait les arts et son principal plaisir consistait à faire exécuter de la musique par les meilleurs virtuoses, soit dans son hôtel à Paris, soit dans sa maison de campagne de Passy. Là étaient réunis, grâce aux soins d'un amateur aussi éclairé qu'opulent, les chanteurs et les symphonistes les plus capables de faire valoir une œuvre; protégé par un tel Mécène, Rameau qui touchait à sa cinquantième année, pouvait maintenant écrire des partitions : si ses opéras n'arrivaient point immédiatement à la scène, du moins seraient-ils représentés devant une société choisie et avec le concours d'une troupe d'élite.

Rameau reprit confiance et se résolut à écrire un opéra sur un livret de l'abbé Pellegrin. Le famélique personnage,

> Qui, dévot le matin et le soir idolâtre,
> Déjeunait de l'autel et soupait du théâtre,

consentit difficilement à collaborer avec un inconnu, pis que cela, avec un compositeur déjà refusé une première fois. Il exigea que son associé lui souscrivît un billet de cinq cents livres, payable dans le cas d'insuccès. Force fut à Rameau, pour obtenir le poëme d'*Hippolyte et Aricie*, de passer par ces Fourches Caudines. Mais quand on fit l'essai de l'ouvrage chez La Popelinière, Pellegrin n'eut pas plutôt entendu les premières scènes que, saisi d'admiration, il déchira son billet en s'écriant qu'un pareil musicien n'avait pas besoin de caution. L'abbé avait raison, ce qui n'empêcha pas le public d'être d'un avis contraire. Lorsque eut lieu la représentation à l'Académie royale de musique (1er octobre 1733), les esprits routiniers — c'est toujours la majorité — décochèrent aux novateurs une foule de traits mordants et de couplets satiriques; en voici un que l'on a conservé :

> Si le difficile est le beau,
> C'est un grand homme que Rameau
> Mais si le beau, par aventure,
> N'était que la simple nature,
> Quel petit homme que Rameau !

Ce n'est pas Rameau qui est un petit homme, mais bien l'auteur de cette sotte épigramme. Le beau n'est jamais dans les arts la simple nature. Le beau dans l'art est la découverte et la manifestation, par un effort du génie humain ou par un acte de la sensibilité humaine, des beautés qui existent dans la nature à l'état latent, et encore n'est-ce pas tout. Le jugement précipité rendu sur *Hippolyte et Aricie* fut revisé à la suite d'une étude plus attentive. On découvrit dans cet opéra de belles parties, des chœurs d'une harmonie originale et saisissante, des airs gracieux, entre autres le rondeau charmant : *A l'amour rendez les armes*. « Il y a dans cette partition, dit Campra, de quoi faire dix opéras : cet homme nous éclipsera tous. »

La réputation du maître français atteignit le comble avec *Castor et Pollux*, tragédie lyrique en cinq actes avec un prologue, représentée le 24 octobre 1737. S'il y eut jamais versification pâle et décolorée, ce fut celle de Gentil Bernard. Le mérite seul de la musique valut à cet opéra un succès éclatant et prolongé : trente-quatre ans après son apparition, Grimm écrivait : « C'est aujourd'hui le seul pivot sur lequel repose la gloire de la musique française. Quand cette gloire est aux abois, et cela lui arrive à tout moment, on descend à l'Opéra la châsse des frères d'Hélène, comme à Sainte-Geneviève celle de la paysanne de Nanterre. » Le répertoire de l'Académie s'enrichit d'un nouveau chef-d'œuvre, *Dardanus*, tragédie-opéra en cinq actes, qu'on doit compter parmi les meilleures partitions du compositeur. Entre autres morceaux, on a applaudi l'air d'Iphise : *Arrachez de mon cœur le trait qui le déchire.*

Quoique Rameau ait abordé la scène fort tard, à l'âge de cinquante ans, il n'en composa pas moins trente-six ouvrages dramatiques. Le dernier qu'il ait fait représenter, les *Paladins* (12 février 1760), fut écrit par l'auteur à l'âge de soixante-dix-sept ans. Cette énergique vitalité, qui s'était conservée dans un corps d'une apparence frêle et débile, l'artiste la devait à la sobriété de son régime, à la tempérance dont il se fit toujours une loi.

D'un état de comptes présenté par l'auteur de *Dardanus* au prévôt des marchands, il résulte qu'après avoir en dix-neuf ans fait entrer 978,000 livres dans la caisse de l'Opéra, il n'en avait touché que 23 000, soit environ 1157 francs par an. Sans les profits de son enseignement et la vente de ses pièces de clavecin, le grand Rameau n'aurait pu vivre.

Au demeurant, Rameau était un honnête homme, dont le seul défaut consistait en une humeur sombre et taciturne, que sa famille ne parvenait pas toujours à égayer. Il mourut à plus de quatre-vingts ans, le 12 septembre 1764. Les obsèques magnifiques qui lui furent faites à l'église de Saint-Eustache témoignèrent de l'estime qu'on avait pour son talent et des regrets que causait sa perte.

HAENDEL

NÉ EN 1685, MORT EN 1759

Haendel n'est supérieur que dans l'oratorio; mais dans ce genre, le seul où son attachement à la forme scolastique lui ait permis d'exceller, il s'est montré incomparable. Ce n'est pas sans raison que les Anglais, ses compatriotes d'adoption, l'ont appelé le Milton de la musique.

Ce que Palestrina avait fait pour l'Église au seizième siècle, le compositeur de Halle l'a fait pour le temple au dix-huitième. C'est là sa gloire qu'un tel rapprochement puisse être fait sans flatterie pour lui et sans injustice pour son illustre prédécesseur.

Né à Halle, en Saxe, le 23 février 1685, il était destiné par sa famille à la jurisprudence, et son père, qui voulait en faire un homme de loi, avait banni de sa maison tout instrument de musique. L'enfant ne se rebuta point; l'instinct de l'art lui fit éluder les défenses paternelles. Avec l'aide d'un domestique, il parvint à introduire une petite épinette dans une chambre haute. A force d'assiduité, il réussit, sans le secours d'aucun maître, à acquérir un certain talent. Vers l'âge de huit ans, il se rendit avec son père à la cour du duc de Saxe-Weissenfels, où son frère consanguin occupait un emploi dans le palais. L'enfant, qu'on laissait errer en liberté dans les appartements, ne manquait pas de se livrer à sa passion pour la musique chaque

fois qu'il se trouvait seul en présence d'un clavecin. Un jour, les
sons harmonieux qu'il tirait d'un de ces instruments attirèrent
l'attention du prince. Il s'informa du virtuose qui lui donnait
ce concert improvisé, et surpris d'apprendre que c'était un
enfant de huit ans à peine, il engagea vivement le père du futur
compositeur à ne plus s'opposer à son penchant naturel, et,
au contraire, à développer les heureuses dispositions dont son
fils était doué. Le conseil fut suivi, les études de droit aban-
données, et Haendel confié à la direction de l'habile organiste
Zachau, qui pendant deux ans lui enseigna la fugue et le contrepoint. L'élève profita si bien des leçons de son maître, qu'à
l'âge de dix ans il composait déjà des motets, chantés à l'église
principale de Halle. Cependant sa ville natale manquait des
ressources suffisantes pour le développement ultérieur de son
talent ; aussi, lorsqu'il eût atteint sa treizième année, son père
l'envoya-t-il à Berlin. Il sut se concilier la bienveillance de
l'électeur de Brandebourg, qui, devinant le génie du jeune
Saxon, n'hésita pas à l'envoyer en Italie à ses frais. Une certaine obscurité règne sur cette partie de sa vie. En 1703, on le
retrouve à Hambourg, où il est employé comme second violon
à l'orchestre de l'Opéra. En 1703, il fut invité, ainsi que Mattheson, à se rendre à Lubeck, où un concours avait été institué
pour le remplacement de Buxtehude. Haendel l'emporta sur
ses rivaux ; mais le vieil organiste ne voulait résigner ses fonctions qu'en faveur de son gendre. « Prenez ma fille, » disait
Buxtehude à ceux qui postulaient sa succession. Ni Mattheson,
ni Haendel ne s'en souciaient, et tous deux revinrent à Hambourg.

Le jeune musicien avait reçu de la nature un caractère
extrêmement irascible et dont il ne sut jamais contenir la
violence. Cette disposition fâcheuse faillit amener une rupture
entre lui et son ami Mattheson. Les deux amis, devenus instan-
tanément adversaires acharnés, mirent flamberge au vent et se
battirent comme de vrais soudards au milieu d'un grand con-

cours de spectateurs qui faisaient cercle autour d'eux. Mattheson fondit avec impétuosité sur Haendel; mais la Providence, qui veillait sur les jours du grand compositeur, permit que l'épée de son rival rencontrât un large bouton de métal contre lequel elle se brisa. L'affaire n'eut pas d'autres suites, grâce aux soins d'un conseiller de Hambourg qui interposa ses bons offices pour réconcilier les deux artistes. Mattheson reçut à sa table son antagoniste, et aucun nuage n'altéra depuis lors leur amitié réciproque.

Bien qu'il se livrât à l'enseignement et qu'il eût un grand nombre d'élèves, Haendel n'en écrivait pas moins beaucoup de musique, tant instrumentale que religieuse et dramatique. Dans l'année 1705, il fit jouer avec succès à Hambourg deux opéras : *Almira, reine de Castille* (8 janvier) et *Néron* (25 février). Il se rendit ensuite à Rome, où il composa, entre autres ouvrages, un *Laudate, pueri* (6 juillet 1707) et un oratorio intitulé la *Résurrection* (11 avril 1708). Au retour de ce voyage, il fit représenter à Hambourg ses opéras de *Florinda* et de *Daphné*. Toutefois son séjour n'y fut pas long, car on le retrouve la même année à Florence, composant son premier opéra italien *Rodrigo*. Cet ouvrage, donné immédiatement à la cour de Toscane, valut à l'auteur un présent de cent sequins et un magnifique service de porcelaine. L'année suivante, il fit jouer à Venise *Agrippina*, opéra qui eut vingt-sept représentations consécutives, chose fort rare à cette époque.

De Venise, le compositeur alla à Rome, où il écrivit une cantate sous ce titre : *Il trionfo del tempo;* puis il se rendit à Naples (1710) et fit, à la demande d'une princesse espagnole, une pastorale intitulée : *Aci, Galatea e Polifemo*. Revenu en Allemagne, il voulut connaître Steffani, alors maître de chapelle de la cour de Hanovre. Ce musicien lui fit l'accueil le plus bienveillant et le fit même agréer au prince comme son successeur. Haendel doit beaucoup à Steffani, dont il emprunta le style élégant, qu'il sut fondre heureusement avec les qualités

HAENDEL.

3

propres de son génie. De ce séjour date une transformation notable dans sa manière. L'électeur de Hanovre lui accorda un congé, en stipulant que ses appointements ne lui en seraient pas moins payés pendant la durée de son voyage. Des conditions si avantageuses permirent au maître de réaliser le projet qu'il avait formé d'aller en Angleterre ; mais il ne voulut pas s'éloigner sans avoir embrassé sa vieille mère devenue aveugle, et sans avoir dit adieu à Zachau, son ancien professeur. Enfin, il arriva à Londres au mois de décembre 1710. Le théâtre de Hay-Market donna de lui, le 24 février 1711, un opéra intitulé *Rinaldo* qui n'eut que peu de représentations, mais dont la partition se vendit beaucoup. L'éditeur de musique Walsh gagna par sa publication 1500 livres sterling. « Mon cher monsieur, lui dit plaisamment Haendel quand il fut instruit de ce bénéfice, il faut que tout soit égal entre nous ; vous voudrez donc bien composer le premier opéra, et moi je le vendrai. »

La réputation de Haendel grandissait à chacun de ses ouvrages. Aussi fût-ce lui qu'on chargea de composer le *Te Deum* et le *Jubilate* destinés à célébrer la paix d'Utrecht et la fin de la guerre de la succession d'Espagne. Ces morceaux furent entendus le 7 juillet 1713, à l'église Saint-Paul.

Ce fut une disgrâce momentanée pour Haendel que l'avènement au trône britannique de son auguste patron, l'électeur de Hanovre (1714). Ce prince ne pardonnait point à son maître de chapelle d'avoir prolongé son absence au delà des limites qui lui avaient été fixées. Le musicien s'était rendu plus coupable peut-être en solennisant par un *Te Deum* la paix d'Utrecht qui était mal vue de tous les princes protestants d'Allemagne. Était-ce pourtant au roi d'Angleterre à venger les injures de l'électeur de Hanovre ? Georges Ier le crut apparemment, car il se montra longtemps irrité contre le musicien. Enfin l'amitié ingénieuse et dévouée du baron de Kilmansegge parvint à rompre la glace entre le monarque et l'artiste.

L'aristocratie anglaise, ne resta pas en arrière du roi. De ce moment, Haendel fut l'objet des égards les plus flatteurs de la part de la noblesse britannique. Le comte de Burlington, un de ses admirateurs, alla même jusqu'à le loger chez lui. Le maître accepta cette honorable hospitalité pendant trois ans, qui furent marqués par la composition de nombreux morceaux de musique et par la représentation d'*Amadigi*, opéra joué le 25 mai 1715. En 1718, il devint maître de chapelle du duc de Chandos et alla se fixer à Cannons-Castle, résidence de ce seigneur. Son séjour dans ce château ne fut pas stérile pour l'art. Ce fut là qu'il écrivit vingt grandes antiennes, et la pastorale anglaise d'*Acis et Galatée*, sans compter deux *Te Deum*, divers concertos de hautbois, plusieurs morceaux pour piano et l'oratorio d'*Esther*, exécuté à Cannons-Castle le 29 août 1720.

L'illustre musicien se démit de son emploi chez le duc de Chandos, pour donner ses soins à une entreprise d'opéra italien dont les membres de la plus haute noblesse faisaient les frais. Après avoir recruté un personnel de chanteurs distingués, il ouvrit le nouveau théâtre par la représentation de son *Radamisto* (1720). L'ouvrage eut un immense succès, qui semblait être d'un bon augure pour l'avenir de sa direction. Cette période de la vie de Haendel fut celle de sa plus grande activité. Il fit jouer successivement *Floridante* (1721), *Ottone* (1722), *Flavio* (1723), *Giulio Cesare* (1723), *Tamerlano* (1724), *Rodelinda* (1725), *Scipione* (1726), *Alessandro* (1726), *Ammeto* (1727), *Riccardo primo* (1727), *Siroe* (1728) et *Tolomeo* (1728). Mais, autant le talent du compositeur pouvait être utile à l'entreprise dramatique qu'il approvisionnait d'œuvres applaudies, autant son caractère violent et emporté lui devint funeste. L'irascible Saxon ne tarda pas à indisposer contre lui les artistes de sa troupe et jusqu'aux administrateurs du théâtre. Il en résulta de vives dissensions qui finirent par amener, en 1728, la dissolution de la société. Haendel n'eut plus autre chose à faire que de reprendre à son compte l'entreprise de Hay-Market, avec un ancien directeur de spectacle nommé Heidegger. Il se rendit en Italie et en ramena plusieurs artistes, entre autres la célèbre cantatrice Stradella. Son théâtre, ouvert le 2 décembre 1729, ne chôma point d'opéras. Il suffit de citer *Lotario, Partenope, Porus, Ezio, Orlando* (refait presque entièrement); *Ariane* et les oratorios de *Déborah* et d'*Athalie*, pour donner une idée de sa fécondité pendant ces années où il était à la fois compositeur et directeur. Quand arriva le terme de l'association, Haendel se résolut à continuer l'entreprise seul, à ses risques et périls. Vainement il donna en 1733 son *Ariodant* et en 1735 son *Alcina* : il fut bientôt forcé de reconnaître que la position n'était plus tenable et il abandonna la partie. Au milieu des tracas causés par ses spéculations, sa santé s'était compromise, et la nécessité où il s'était vu d'écrire très vite ses ouvrages n'avait pas été sans exercer une fâcheuse influence sur son talent. Pour ce qui est de sa fortune, non seulement elle avait disparu tout entière dans le naufrage de son théâtre, mais il devait encore des sommes considérables aux acteurs qu'il avait engagés.

Ces contrariétés, les chagrins auxquels il était en butte depuis huit ans, et, plus que cela peut-être, l'excès du travail, avaient gravement altéré la santé de Haendel. Il demanda aux eaux d'Aix-la-Chapelle le rétablissement de ses forces et la guérison d'une paralysie dont son bras droit était frappé. Au bout de six semaines, la cure était opérée, et Londres voyait revenir l'artiste retrempé de corps et d'esprit, prêt à affronter de nouveaux combats pour reconquérir les suffrages du public. Toutefois ce fut en vain qu'il fit représenter à Covent Garden *Justin* et *Bérénice*. Ces ouvrages ne réussirent point. L'auteur put se convaincre qu'il ne devait plus compter sur des succès dramatiques. Il put être blessé de l'indifférence des Anglais pour ses dernières compositions scéniques; quant à nous, nous ne devons pas la leur reprocher, puisque cette indifférence, fondée ou non, eut pour effet de pousser l'illustre musicien dans la voie où son génie allait rencontrer une gloire durable. Ses opéras sont oubliés depuis longtemps, tandis que sa musique religieuse est exécutée encore chaque année dans les festivals d'Angleterre et d'Allemagne.

Une innovation propre au compositeur de Halle consistait à intercaler dans ses oratorios un concerto d'orgue. Ce fut un puissant élément de succès pour ses ouvrages que son admirable talent d'exécution; comme organiste, il n'avait d'autre rival en Europe à cette époque que Jean-Sébastien Bach. L'enthousiasme de la population de Londres pour le maître allemand qu'elle avait un moment délaissé se réveilla plus vif que jamais et se traduisit en recettes fabuleuses. D'après l'estimation la plus modérée, le produit de l'oratorio de *Saül*, exécuté le 28 mars 1738, monta à 800 livres sterling. Hâtons-nous de le dire, l'artiste n'eut rien de plus pressé que de profiter de ce retour de la fortune pour désintéresser les virtuoses italiens qui étaient restés ses créanciers à la suite de la fermeture de son théâtre.

A *Saül* succédèrent, en 1739 l'*Ode pour le jour de Sainte-Cécile*, des compositions de musique instrumentale, et l'*Allegro ed il penseroso*. Le *Messie*, qui est regardé comme le chef-d'œuvre de Haendel, parut en 1741; l'auteur ne mit que vingt-quatre jours à écrire cette magnifique partition, qui obtint dès son apparition une vogue immense et méritée. Après cet ouvrage, il donna *Samson* (1742), puis *Sémélé*, *Joseph*, *Hercule*, *Balthazar*, un oratorio de circonstance (*The occasional oratorio*), *Judas Macchabée*, *Alexandre Bala*, *Josué*, *Salomon*, *Suzanne*, *Théodore*, une cantate intitulée *le Choix d'Hercule*, et *Jephté*, sans parler de son grand *Te Deum* (en *ré*) et de diverses pièces pour hautbois ou pour orgue. Si l'on songe que tant de productions éclatantes datent de la vieillesse du maître, on ne pourra s'empêcher de reconnaître en lui une des plus puissantes organisations musicales que le monde ait jamais vues.

Celui que l'on a appelé le Milton de la musique, et qui est digne de ce surnom par la grandeur et la fierté de son inspiration biblique, eut, vers la fin de sa carrière, un dernier trait de ressemblance avec le poète du *Paradis perdu*. Je veux parler de la cécité, dont il ressentit les premières atteintes en 1750, et qui devint complète l'année suivante. Il se soumit à l'opération de la cataracte, mais l'habileté du docteur Sharp fut impuissante à lui rendre la vue. Haendel se résigna courageusement au malheur irréparable qui l'avait frappé. Après avoir confié à Smith, son élève, le soin de diriger l'exécution de ses oratorios, il attendit paisiblement la mort, que la diminution progressive de ses forces lui faisait considérer comme prochaine : il s'éteignit le 13 avril 1759. De pompeuses funérailles lui furent faites à l'abbaye de Westminter, où ses restes reposent à côté des sépultures royales, dans le même lieu qui a reçu la dépouillé de Shakespeare, de Garrick, de tous les grands hommes chéris de l'Angleterre.

Haendel avait une taille élevée ; sa figure était belle et noble, avec une expression de tranquillité et de douceur qui contrastait avec la violence extrême de son caractère. J'ai déjà rapporté plusieurs traits de cette humeur prompte à l'irritation. Un jour, comme la cantatrice Cuzzoni refusait de chanter l'air *Falsa immagine* de son opéra *Othon;* il la saisit à bras-le-corps, la porta devant une fenêtre et menaça de la jeter dans la rue, si elle s'opiniâtrait dans sa résistance. La pauvre femme promit de chanter tout ce qu'on voudrait. Avec un musicien de ce caractère, les librettistes étaient mal venus à demander des changements. Il ne les traitait guère avec plus de ménagements que ses interprètes. A part ce défaut et peut-être un certain penchant à boire, la vie de Haendel est une des plus pures qu'on puisse citer comme exemple aux artistes.

Considérant son art comme une sorte de sacerdoce, Haendel vécut dans le célibat le plus austère, et les chercheurs de scandale n'ont pu découvrir dans sa biographie un seul nom de femme. Ses seules relations se bornaient à trois amis : un peintre nommé Goupy, Smith son élève, et le teinturier Huter; il fuyait les réunions mondaines avec autant de soin que la plupart des artistes les recherchent. « *He is a bear* : c'est un ours, » devait se dire la société polie de Londres en le voyant refuser systématiquement toutes les invitations. Soit, mais cet *ours* nous a laissé des chefs-d'œuvre qu'il n'eût peut-être pas faits s'il eût sacrifié davantage aux frivoles amusements de la vie sociale.

BACH (SÉBASTIEN)

NÉ EN 1685, MORT EN 1750

Par ce temps d'éparpillement social et d'individualisme à outrance, il n'est guère permis d'espérer que le monde revoie de sitôt ces grandes dynasties intellectuelles qui se transmettaient de père en fils le flambeau de l'art, comme les *maîtres de l'œuvre* au moyen âge, comme en Allemagne, à une époque moins éloignée de nous, la famille des Bach. C'est un spectacle assez beau pour qu'on l'admire, et assez rare pour qu'on le regrette, que celui de cette permanence de la faculté musicale dans une si longue succession d'hommes de même sang et de même nom. L'esprit se demande si l'hérédité des professions, avec ses inconvénients, n'entraînait pas aussi quelques avantages, et si les Bach auraient versé des torrents d'harmonie pendant deux siècles en Allemagne et en Angleterre, sans les habitudes de caste qui portaient alors chaque génération à imiter sa devancière.

Il y avait déjà plus de cent ans que le nom patronymique des Bach était sorti de l'obscurité, quand naquit le musicien illustre qui devait le rendre immortel. Jean-Sébastien Bach ouvrit les yeux à la lumière le 21 mars 1685, à Eisenach, où son père Jean-Ambroise remplissait les fonctions de *musicien de cour et de ville*. Orphelin dès l'âge de dix ans, il reçut les premières leçons de clavecin de son frère aîné, Jean-Christophe, qui était organiste à Ordruff. L'enfant possédait une telle facilité naturelle, qu'il s'assimila promptement les exercices élémentaires, et que son audace précoce ne récula pas devant l'interprétation des maîtres les plus célèbres du temps, les Froberger les Fischer, les de Kerl, les Pachelbel, les Buxtehude, les Brunhs, les Bœhm, etc. Jean-Sébastien n'ayant pû obtenir de son frère par les plus instantes prières la communication du cahier qui contenait plusieurs morceaux des compositeurs précités, trouva-moyen de dérober le précieux recueil et se mit en devoir de le copier d'un bout à l'autre.

Obligé de se créer des ressources, il s'engage d'abord, avec son camarade Erdmann, comme choriste à l'église de Saint-Michel, à Lunebourg. En même temps, il suit les cours du gymnase de cette ville, ce qui ne l'empêche pas de compléter son éducation d'organiste par de fréquents voyages à Hambourg, où le célèbre Reincke touchait l'orgue. En 1703, âgé seulement de dix-huit ans, il est attaché à la musique de la cour de Weimar en qualité de violoniste ; mais cet emploi était en contradiction avec les tendances de son talent ; il ne tarde pas à l'abandonner pour accepter celui d'organiste à Arnstadt.

Loin de s'endormir, comme tant d'autres, dans l'aisance et le bien-être, Bach, tourmenté par une irrésistible vocation, ne vit dans les avantages de sa nouvelle position que des moyens d'accroître le trésor de ses connaissances. Il se procura les ouvrages des meilleurs organistes ; et, non content de s'appliquer à les exécuter de la manière la plus parfaite, il s'efforçait de pénétrer les secrets de leur composition. Plusieurs fois il alla à Lubeck pour y entendre l'orgue résonner sous les doigts du fameux Dietricht Buxtehude.

Déjà cependant la renommée de Jean-Sébastien se répandait de proche en proche, et faisait de lui un objet d'envie pour nombre de villes du Palatinat et de la Saxe. Ce que fut pour les arts l'Italie de la Renaissance, l'Allemagne l'était alors. Dans ce pays féodal et municipal, si stationnaire au point de

SÉBASTIEN BACH.

vue politique, il n'y avait guère de capitale ou de ville libre qui ne fût un foyer plus ou moins intense de rayonnement artistique. Une sorte d'émulation, utile au progrès général, animait tous les petits princes allemands. C'était à qui réunirait à sa cour, pour les divertissements et les fêtes, l'orchestre le mieux composé, à qui aurait dans sa chapelle les plus éminents virtuoses. Que l'homme d'État moderne déplore le long effacement politique d'un peuple scindé en mille souverainetés diverses, c'est son droit, à la condition qu'il reconnaîtra aussi tout ce que ce régime offrait de favorable à la culture des arts et à l'épanouissement du talent.

En 1707, Bach devenait organiste de l'église Saint-Blaise à Mülhausen. L'année suivante, l'admiration du duc de Weimar, devant qui il s'était fait entendre, lui valait la place d'organiste de cette cour. En 1717, Jean-Sébastien fut nommé maître des concerts du duc de Weimar.

L'un des souverains les plus magnifiques de l'Europe était alors Auguste II, électeur de Saxe et roi de Pologne, le même qui avait été renversé par Charles XII et rétabli par Pierre le Grand. Comme si ce prince eût voulu se dédommager pendant la seconde partie de son règne des humiliations et des malheurs qui en avaient rempli la première, il n'avait rien négligé pour faire de la petite cour de Dresde l'asile des plaisirs et des beaux-arts. Les artistes étaient au rang des hôtes qu'il préférait comme les plus propres à embellir et à charmer sa résidence, et quand Louis Marchand, exilé de Paris, vint chercher un refuge dans la capitale de la Saxe, le roi, ravi de la légèreté et de l'éclat de son jeu, lui offrit un traitement considérable pour le fixer à sa cour. Mais la faveur subite dont commençait à jouir l'étranger excita la jalousie de Volumier, maître des concerts royaux, et celui-ci résolut de se servir de Bach pour perdre son rival. Jean-Sébastien, invité à se rendre à Dresde, entendit Marchand et n'hésita pas à lui proposer un défi. chacun des deux concurrents devait improviser sur le thème qui lui serait désigné par l'autre. L'organiste français accepta l'épreuve, mais au jour qui avait été fixé pour ce tournoi musical, dont toute la cour allait être témoin, Marchand ne se présenta pas. On envoya chez lui et l'on apprit qu'il venait de partir, confessant par sa fuite son infériorité. Il ne faisait d'ailleurs que se rendre justice, et c'eût été pour cet artiste, médiocre en dépit de sa réputation, courir à une honte certaine que d'affronter la lutte avec l'homme de génie qu'on lui opposait.

À son retour à Weimar, Bach reçut du prince Léopold d'Anhalt-Cœthen l'offre de diriger la musique de sa chapelle (1720). Il entra immédiatement en fonctions et garda cet emploi jusqu'en 1733. La tranquillité et les loisirs que lui faisait sa place furent utilisés dans l'intérêt de ses études, et il écrivit durant cette période de nombreuses compositions. Le vieux Reincke, qui lui avait inspiré tant d'enthousiasme dès sa jeunesse, vivait encore à Hambourg. Vers 1722, Bach se rendit en pèlerinage près de ce vieillard presque centenaire et improvisa, en sa présence, pendant plus d'une heure, sur le choral : *Super flumina Babylonis*. Le vieil athlète, qui allait bientôt disparaître de la scène du monde, s'intéressait aux destinées de la musique. Il montra à son successeur plus de confiance que les rois n'en témoignent à leurs héritiers présomptifs : « J'ai cru, lui dit-il, que cet art allait mourir avec moi ; mais je vois que vous le faites revivre. »

L'existence nomade de Jean-Sébastien Bach se termine en 1733, époque à laquelle il est nommé, en remplacement de Kühnau, directeur de musique à l'école de Saint-Thomas de Leipzick. Maître honoraire de la chapelle du duc de Weissenfels, honoré du titre de compositeur du roi de Pologne, il compta encore Frédéric II parmi ses admirateurs. On connaît la passion du vainqueur de Rosbach pour la musique ; tous les soirs, une des salles du palais de Potsdam était transformée en salle de concert et le prince, flûtiste assez habile, ne dédaignait pas de faire sa partie dans un orchestre composé d'intimes. Plus d'une fois, il avait fait écrire à Bach par l'un de ses fils, Charles-Philippe-Emmanuel, alors attaché en qualité d'organiste au service de la cour de Prusse. Jean-Sébastien, après avoir longtemps hésité à se rendre à l'invitation du monarque, crut enfin devoir déférer à un désir si souvent exprimé, et se mit en route en 1747, accompagné de son fils aîné, Guillaume-Friedmann. A peine Frédéric eut-il lu son nom sur la liste des étrangers arrivés à Potsdam, que se tournant vers son entourage : « Messieurs, dit-il, le vieux Bach est ici. » Et sans laisser au vieillard le temps de revêtir l'habit de cour, il l'envoya chercher immédiatement. Jean-Sébastien n'eut pas de peine à enchanter son hôte par ses improvisations sur le clavecin et sur l'orgue qu'il exécuta séance tenante.

Bach ne survécut que trois ans à l'ovation dont il avait été l'objet à Potsdam. Une cécité causée par l'ardeur excessive avec laquelle il se portait au travail attrista ses derniers jours. Il mourut le 30 juillet 1750, à l'âge de soixante-cinq ans. La fièvre inflammatoire qui l'emporta avait été précédée d'un recouvrement soudain de la vue ; les amis du malade purent se faire quelque illusion à la suite d'un si étrange phénomène. Mais, dix jours après, le monde musical et l'Allemagne avaient à pleurer la perte d'un des plus grands génies qui aient honoré l'une et l'autre.

Les hommes qui commandent l'admiration par leurs facultés ne commandent pas toujours l'estime par leurs vertus privées, et le biographe est heureux quand par hasard il rencontre, selon l'expression consacrée, l'accord d'un beau talent et d'un beau caractère. Ce dernier trait ne manqua pas à la destinée de Bach. Il fut bon père, bon époux et bon ami, comme il était bon organiste, ou, pour mieux dire, compositeur puissant et original. De deux mariages, il eut vingt enfants, et ne faillit jamais à la lourde tâche que lui imposait l'éducation d'une si nombreuse famille. On ne le voit pas non plus se servir de la faveur des grands au profit de ses intérêts pécuniaires, ni s'autoriser de ses pesantes charges domestiques pour trafiquer de son art. En suivant une autre route, en courant le monde à la manière de tant de virtuoses modernes, il eût pu devenir riche; il se contenta de l'aisance, et en vérité elle lui suffisait dès lors qu'elle lui permettait de nourrir les siens et d'exercer une noble hospitalité à l'égard des artistes et des amateurs de musique qui venaient le visiter. Plein de modestie, sans perdre la conscience de son mérite, il n'était pas éloigné de penser que le génie est une longue patience, et à ceux qui lui demandaient le secret de sa force, il n'en indiquait pas d'autre que le travail, ajoutant que tous ceux qui voudraient travailler comme lui atteindraient la même supériorité.

Malgré l'immense réputation dont il jouit de son vivant, on peut dire que la gloire de Jean-Sébastien Bach est en grande partie posthume. Ses contemporains ne virent pour la plupart en lui que l'organiste habile, l'improvisateur merveilleux, le musicien savant. La *Passion* d'après l'évangile de saint Matthieu, pour deux chœurs et deux orchestres, l'une des plus vastes créations musicales qui existent, a attendu près d'un siècle avant de voir le jour, condamnée qu'elle était dès sa naissance, par l'insouciante modestie de son auteur.

Motets, oratorios, psaumes, cantates, concertos, sonates, symphonies, Bach a abordé chacun de ces genres, en laissant partout la trace de son génie. Ces partitions, qui, par leur structure profondément scientifique, autant que par les difficultés d'exécution dont elles sont remplies, étaient trop fortes pour la génération qui les vît naître, furent retrouvées dans le temps où les progrès de l'éducation musicale permettaient de les mieux apprécier. Mozart eut le mérite d'être le promoteur du mouvement qui se produisit en faveur du maître à a fin du dix-huitième siècle et qui mena la recherche persévérante de ses œuvres inédites,

GLUCK

NÉ EN 1714, MORT EN 1787

« Gluck, dit Castil-Blaze, créa chez nous la musique dramatique. » C'est là une de ces affirmations légères, faites d'un ton tranchant, familières au spirituel écrivain. Si Gluck a fait parler son orchestre avec plus de puissance que ses prédécesseurs, il ne faut pas dénier à ceux-ci tout mérite dramatique. Lulli et Rameau firent aussi contribuer l'orchestre et la symphonie à l'expression des scènes, et il serait aussi invraisemblable qu'injuste de soutenir qu'ils ont employé indifféremment les ressources que l'état de l'art mettait à leur usage au temps où ils ont vécu. C'est par rapport aux maîtres italiens que Gluck a pu être considéré comme un novateur ou un réformateur. C'est même la France qui a fait sa gloire, parce que son génie simple, philosophique, rationnel, allant droit au but, s'accordait à merveille avec les facultés de l'esprit français dans leur sens le plus noble et le plus élevé.

C'est en effet sa gloire d'avoir rapporté à la situation morale l'inspiration mélodique qui, avant lui, chez les compositeurs italiens surtout, s'émancipait trop volontiers du joug de la pensée pour se contenter de charmer l'oreille. Écoutons le grand artiste indiquant lui-même l'objet de ses efforts dans l'épître dédicatoire d'*Alceste* : « Je cherchai à réduire la musique à sa véritable fonction, celle de seconder la poésie pour

4

fortifier l'expression des sentiments et l'intérêt des situations, sans interrompre l'action et la refroidir par des ornements superflus; je crus que la musique devait ajouter à la poésie ce qu'ajoutent à un dessin correct et bien composé la vivacité des couleurs et l'accord heureux des lumières et des ombres qui servent à animer les figures sans en altérer les contours. » Je n'ai rien à ajouter à ces paroles; elles précisent à merveille le sens de la révolution lyrique accomplie par Gluck et la portée des services dont l'opéra lui est redevable.

Christophe-Willibald Gluck naquit le 2 juillet 1714 à Weidenwang dans le haut Palatinat. Il reçut les premiers éléments d'instruction à l'école d'Eisenberg, seigneurie appartenant au prince de Lobkowitz, dont son père était garde-chasse. Il avait douze ans quand on l'envoya au collège des jésuites de Kommotau; où il étudia de 1726 à 1732. Ce fut là qu'il s'initia à la connaissance du chant, du violon, du clavecin et de l'orgue. Après avoir été employé à chanter au chœur de l'église de Saint-Ignace, l'élève crut pouvoir tirer parti de sa voix pour se créer des moyens d'existence. Il quitta le collége en 1732 à l'âge de dix-huit ans et se rendit à Prague. A son arrivée dans cette ville, ses ressources se bornèrent à l'argent qu'il gagnait en chantant et en jouant du violon dans les églises; mais la capitale de la Bohême s'enorgueillissait alors d'un dilettantisme éclairé qui ne le cédait pas même à celui de Vienne. On sait que le public de Prague fut toujours et mérita d'être le public privilégié de Mozart. Ce fut aussi à Prague que le génie naissant du futur auteur d'*Orphée* reçut les premiers encouragements. Le P. Czernohorsky, excellent musicien, eut l'occasion d'entendre le jeune virtuose à l'église du couvent polonais de Sainte-Agnès; reconnaissant ses heureuses dispositions, il aida à son perfectionnement dans l'art du chant et lui apprit à jouer du violoncelle. En possession de ce double talent, Gluck se mit à donner de petits concerts dans les villes les plus considérables du pays. En 1736, l'artiste alla chercher à Vienne le complément de son éducation musicale. Le moment était bien choisi ; nul doute que le jeune compositeur n'ait trouvé profit à séjourner dans une ville qui, par une coïncidence favorable, réunissait des maîtres tels que Caldara, Fux, les frères Conti et Joseph Porsile.

Client du prince Lobkowitz, Gluck rencontra dans l'hôtel de ce seigneur le prince Melzi, qui devina son mérite et le fit entrer dans sa musique particulière. C'est à cette circonstance que le musicien allemand dut de visiter pour la première fois l'Italie. Melzi confia son protégé aux soins de Jean-Baptiste Sammartini, compositeur et organiste distingué.

Après avoir étudié le contre-point et la composition pendant quatre ans, Gluck aborda la scène par l'opéra d'*Artaserse*, représenté à Milan en 1741. A cet ouvrage succédèrent *Ipermnestre* et *Demetrio* à Venise (1742), *Demofoonte* à Milan, dans la même année, *Artamene* à Crémone, *Siface* à Milan (1743), *Alessandro nelle Indie* à Turin, et la *Fedra* à Milan (1744). En 1745, il fut appelé à Londres par l'administration du théâtre italien de Hay-Market; mais le succès ne l'y suivit point. Haendel déclara détestables la *Caduta de Giganti* représentée le 7 janvier 1746 et l'*Artamene*. On s'explique le jugement sévère de l'auteur du *Messie*. Ces ouvrages écrits au-delà des Alpes portent l'empreinte maladroite de ce goût italien contre lequel Gluck devait bientôt réagir avec tant de force et de succès. Jusqu'à son séjour en Angleterre, il n'avait pas eu l'intuition de sa véritable vocation artistique.

Durant un court voyage qu'il fit à Paris, Gluck entendit les opéras de Rameau et y puisa ses premières idées sur la déclamation du récitatif. Après avoir satisfait aux engagements contractés avec Hay-Market, il revint en Allemagne par Hambourg, et, de retour à Vienne, il s'appliqua à réaliser la théorie qu'il se faisait de l'art lyrique. L'obligation rigoureuse à laquelle il s'astreignit de faire servir la musique à l'interprétation du sentiment ou de la pensée est peut-être la cause son de infériorité dans la symphonie. Ses essais en ce genre ne furent pas heureux ; mais dans l'opéra de la *Semiramide riconosciuta,* écrit à Vienne en 1748 sur la pièce de Métastase, on reconnaît déjà un récitatif plus accentué et plus caractérisé que dans ses compositions précédentes. Il donne à Rome *Telemacco* (1750), à Naples la *Clemenza di Tito* de Métastase (1751), à Schœnbrunn l'*Eroe cinese,* à Rome *Il trionfo di Camillo* et *Antigono* (1754), la *Danza,* scène à deux personnages de Métastase, au château impérial du Luxembourg (1755) ; l'*Innocenza giustificata* et *Il re pastore,* de Métastase, à Vienne (1756) ; il écrit de 1758 à 1762 des airs pour de petites pièces d'origine française : l'*Ile de Merlin,* la *Fausse esclave, Cythère assiégée,* l'*Ivrogne corrigé,* le *Cadi dupé, On ne s'avise jamais de tout,* l'*Arbre enchanté,* et deux grands ouvrages : *Tetide* de Magliavacca, et, à Bologne, *Il trionfo di Clelia* de Métastase (1762). Chacun de ces ouvrages marquait un nouveau progrès dans la manière du compositeur. Il ne lui manquait plus qu'un librettiste capable de comprendre ses vues dramatiques et de les seconder. Calzabigi fut ce collaborateur qui permit enfin au génie de Gluck de se déployer dans toute sa puissance. Je reviendrai plus loin sur le mérite d'*Orfeo ed Euridice* (Vienne, 1762) et d'*Alceste* (1767). Tout ce que j'en veux dire ici, c'est qu'ils n'offrent rien de commun avec ces livrets italiens où la pompe des mots dissimule mal la pénurie des situations et l'absence du pathétique.

Cependant, en dépit des succès déjà obtenus, Gluck n'était pas satisfait. Toujours obsédé du désir de rendre la musique expressive et parlante, il crut que la scène française serait plus propre qu'une autre à la réalisation de cet objet, et il s'en ouvrit au bailli du Rollet, attaché d'ambassade alors en service à Vienne. Du Rollet, qui avait l'expérience et le goût des choses du théâtre entra immédiatement dans les idées dont on lui faisait part. Il eut bientôt tiré un livret d'opéra de l'*Iphigénie en Aulide* de Racine, et Gluck se mit en devoir d'en écrire la

GLUCK.

partition. Quand l'œuvre fut achevée, on répéta l'ouvrage a Vienne et le bailli du Rollet écrivit à l'administration de l'Opéra de Paris pour lui proposer de monter l'*Iphigénie*. Les répugnances des musiciens à jouer la nouvelle œuvre ne furent vaincues que par l'intervention de la dauphine Marie-Antoinette, qui avait pressenti le génie de Gluck et qui protégeait en sa personne son ancien professeur de chant. Enfin, la première représentation eut lieu à l'Académie royale de musique le 19 avril 1774. Les impressions du public furent d'abord quelque peu indécises; mais dès le second soir il acclama un ouvrage qui, quoi qu'il en eût, faisait violence à ses paresseuses habitudes et s'imposait par des beautés de l'ordre le plus élevé.

La magnifique ouverture d'*Iphigénie* a fait partie longtemps du répertoire des concerts du Conservatoire. L'abbé Arnauld, qui se fit un nom par son attachement à la cause de Gluck, entendant le chant d'Agamemnon : *Au faîte des grandeurs*, dit qu'avec cet air « on fonderait une religion ». L'air *Par un père cruel à la mort condamnée*, la phrase d'Agamemnon : *Brillant auteur de la lumière*, et surtout le récit : *J'entends retentir dans mon sein le cri plaintif de la nature*, auquel l'orchestre mêle des notes déchirantes, sont des inspirations sublimes. Parmi les morceaux d'ensemble je citerai encore le chœur : *Chantons, célébrons notre reine*, et le quatuor : *Puissante déité*.

Le 2 août 1774 eut lieu à l'Académie royale de musique la première représentation d'*Orfeo ed Euridice* traduit en français par Moline. Le rôle d'Orphée, écrit primitivement pour la voix de contralto du célèbre chanteur italien Guadagni, dut être transposé d'une quarte pour le ténor Legros. Ce ne fut pas la seule et la plus regrettable concession que cet artiste imposa au compositeur. Sur sa demande, Gluck eut la faiblesse d'ajouter à sa partie des ornements de mauvais goût. Quand le Théâtre-Lyrique a remonté cet ouvrage, Mme Pauline Viardot, chargée du rôle d'Orphée, nous l'a rendu tel à peu près qu'il existait dans la partition italienne. Cette cantatrice distinguée a rajeuni la gloire du maître en interprétant avec un talent extraordinaire deux des quatre opéras qui lui font le plus d'honneur, *Orphée* et *Alceste*; *Iphigénie en Aulide* et *Iphigénie en Tauride* sont les deux autres.

Malgré les fâcheuses modifications dont je viens de parler, l'œuvre fut accueillie avec un enthousiasme dont témoignèrent quarante-neuf représentations consécutives au milieu de l'été. Si le premier acte est beau, le second est sublime, et il y faut voir une des plus étonnantes productions de l'esprit humain. On n'admirera jamais assez la gradation observée dans les sensations du chœur des démons dont la colère frémissante finit par céder aux accents de la lyre d'Orphée. Quoi de plus émouvant que la phrase *Laissez-vous toucher par mes pleurs !* Et dans l'acte des Champs-Élysées, quel calme, quelle sérénité respire le chœur des ombres heureuses! Quelle tristesse vraiment virgilienne dans l'air incomparable : *Che faro senza Euridice : J'ai perdu mon Eurydice! rien n'égale ma douleur !*

Cythère assiégée, ballet en trois actes représenté à l'Opéra en 1775, n'eut pas de succès : ce qui fit dire à l'abbé Arnaud qu'*Hercule était plus habile à manier la massue que les fuseaux.* On retrouva Hercule, c'est-à-dire le puissant compositeur, dans *Alceste*, tragédie-opéra en trois actes que le bailli du Rollet avait arrangée pour la scène française et qui fut donnée à l'Académie royale de musique le 23 avril 1776. Gluck était alors l'homme du jour; sa personne était un objet de curiosité et on sollicitait la faveur d'être admis aux répétitions générales pour le voir diriger lui-même l'exécution de son œuvre en bonnet de nuit et dans le costume le plus négligé. Le succès fut contesté à la première représentation, et un des spectateurs alla même jusqu'à soutenir que la pièce était tombée. « Tombée du ciel, » riposta l'imperturbable Arnaud dans sa foi au génie qu'il admirait. En tout cas, si *Alceste* était tombée d'abord, elle se releva brillamment quelques jours après. Il y eut encore des mots piquants de proférés ; mais ce sont les *lazzi* qui font toujours cortège au triomphateur. Ainsi Mlle Levasseur chantant le vers sublime d'accent :

Il me déchire et m'arrache le cœur,

quelqu'un s'écria : « Ah ! mademoiselle, vous m'arrachez les oreilles ! — Ah ! monsieur, répliqua un voisin, quelle fortune, si c'est pour vous en donner d'autres ! » L'abbé Arnaud disait de Gluck : « Il a retrouvé la douleur antique. — J'aimerais beaucoup mieux le plaisir moderne, » lui répondit un opposant. Telle était la guerre de quolibets à laquelle se livraient alors les amis et les ennemis du musicien allemand. On a entendu *Alceste* à l'Opéra en 1861 avec Mme Pauline Viardot, et en 1866 avec Mlle Battu. Parmi les morceaux justement applaudis autrefois, je signalerai le grand air : *Non, ce n'est point un sacrifice*, l'invocation puissante : *Divinités du Styx*, l'andante si gracieux et si touchant : *Ah ! divinités implacables !* Les théâtres n'ont plus de public apte à sentir ces beautés. Généralement on n'a presque rien compris à la reprise d'*Alceste*. Ces sortes d'ouvrages dépassent la portée des artistes contemporains et d'un auditoire moderne formé d'éléments réunis au hasard et par hasard.

Cependant les amateurs de la musique italienne, qui trouvaient que la mélodie manquait dans les ouvrages de Gluck, qu'il mettait la statue dans l'orchestre et le piédestal sur le théâtre, parce que ce compositeur subordonnait tout à la vérité de l'expression dramatique, lui suscitèrent un rival dans la personne de Piccinni. Ce rival était digne de lui. On appela donc à Paris l'auteur de *La buona Figliola* et on le chargea d'écrire un opéra dont Roland était le héros. Gluck, qui avait en main le livret d'un autre *Roland*, destiné aussi à l'Académie royale de musique, se trouvait alors à Vienne. Il n'est pas plutôt averti de ce qui se passe par son ami du Rollet, qu'il accourt furieux à Paris, et, dans une lettre rendue publique, donne le signal de la lutte (1777).

La salle de l'Opéra devint dès lors un champ de bataille : du côté de la loge du roi se rangèrent les champions du maître allemand, tandis que ses adversaires prirent rang du côté de la loge de la reine; de là le nom de *guerre des coins* donné à cette querelle. Les chefs du parti gluckiste étaient le mordant abbé Arnaud dont j'ai déjà rapporté plus d'un mot, le diplomate du Rollet, et Suard.

Piccinni était soutenu par son collaborateur Marmontel, aidé de La Harpe, de Ginguené et de d'Alembert. On s'escrimait de part et d'autre sur un objet que l'on ne connaissait guère, ce qui ne devait pas peu contribuer à prolonger le débat.

Ce fut sur ces entrefaites (3 mars 1777) que les pensionnaires de l'Académie donnèrent *Armide*. Gluck fut à cette occasion sottement malmené par La Harpe. Sans laisser à d'autres le soin de le défendre, il adressa à son détracteur une lettre accablante, dont j'extrais le passage suivant : « J'ai été confondu en voyant que vous aviez plus appris sur mon art en quelques heures de réflexion, que moi après l'avoir pratiqué pendant quarante ans. Vous me prouvez, monsieur, qu'il suffit d'être homme de lettres pour parler de tout. Me voilà bien convaincu que la musique des maîtres italiens est la musique des maîtres par excellence; que le chant, pour plaire, doit être régulier et périodique; et que même dans ces moments de désordre où le personnage chantant, animé de différentes passions, passe successivement de l'une à l'autre, le compositeur doit conserver le même motif de chant. »

En réponse à cette lettre, La Harpe versifia quelques couplets adressés à l'*Anonyme de Vaugirard* :

Je fais, monsieur, beaucoup de cas
De cette science infinie
Que malgré votre modestie
Vous étalez avec fracas.

> Sur le genre de l'harmonie
> Qui convient à nos opéras;
> Mais tout cela n'empêche pas
> Que votre *Armide* ne m'ennuie, **etc.**

Cette réponse en attira une autre intitulée : *Vers d'un homme qui aime la musique et tous les instruments, excepté la Harpe.*

> Chacun a son goût ici-bas :
> J'aime Gluck et son beau génie,
> Et la céleste mélodie
> Qu'on entend à ses opéras.
> De vos *Amphions* d'*Ausonie*
> La période et son fatras
> Pour mon oreille ont peu d'appas;
> Et surtout *La Harpe* m'ennuie.

Pour en finir avec les calembours cités dans cette querelle, disons que les plaisants logeaient Gluck rue du *Grand-Hurleur*, Piccinni, rue des *Petits-Chants*, et Marmontel rue des *Mauvaises-Paroles*.

Le fanatisme des Gluckistes, était souvent poussé jusqu'au ridicule. L'un d'eux s'écriait : « Je ne salue point un homme qui n'aime pas la musique de Gluck. » Un autre, l'acteur Larrivée, disait : « Il n'y a qu'une vérité dans le monde, et c'est Gluck qui l'a trouvée. »

Armide renfermait trop de beautés pour être compromise. On vit avec étonnement l'artiste déployer dans cette partition une grâce, une mollesse voluptueuse dont il ne semblait pas avoir le secret. Les deux airs : *On s'étonnerait moins si la saison nouvelle*, et : *Ah! si la liberté me doit être ravie*, font partie de tous les répertoires classiques.

Son *Iphigénie*, représentée le 18 mai 1779, montra quelle écrasante supériorité son génie lui donnait sur le talent de son rival. Il est permis d'être ici de l'avis de l'abbé Arnaud, qui dans cette partition ne trouvait qu'un seul beau morceau, à savoir l'ouvrage entier. Cependant je signale plus particulièrement l'air de Thoas : *De noirs pressentiments mon âme intimidée*, le sommeil d'Oreste, l'air de Pylade: *Unis dès la plus tendre enfance*; ceux d'Iphigénie : *O malheureuse Iphigénie; Je t'implore et je tremble*; l'hymne: *Chaste fille de Latone.*

C'était la première fois qu'on voyait la musique rendre avec cette profondeur les sentiments des personnages. Pendant qu'Oreste chante: *Le calme rentre dans mon cœur*, l'orchestre continue à peindre l'agitation de ses pensées. Lors de la répétition, les exécutants ne comprirent pas et s'arrêtèrent : « Allez toujours, reprit vivement l'artiste; il ment, il a tué sa mère ! » Un autre mot de lui est peut-être encore plus significatif. Il vantait un jour le chœur de Rameau dans *Castor et Pollux: Que tout gémisse.* Un de ses admirateurs lui dit, par manière de flatterie : « Mais quelle différence de ce chœur avec celui de votre *Iphigénie en Aulide!* Celui-ci nous transporte dans un temple, l'autre est de la musique d'église. — Et c'est fort bien fait, reprit Gluck: l'un n'est qu'une cérémonie religieuse, l'autre est un véritable enterrement; le corps est présent. » Il avait coutume de dire : « Avant de mettre en musique un opéra, je ne fais qu'un vœu, celui d'oublier que je suis musicien. »

Le 24 septembre 1779, quatre mois après son triomphe, Gluck essuya une chute avec *Écho et Narcisse*, opéra en trois actes dont les paroles étaient du baron de Tschudy. Le poème était triste et monotone; la partition parut manquer de mouvement. Il faut cependant louer l'originalité avec laquelle le rôle d'Écho est traité. Celui de l'Amour offre aussi des chants d'un beau caractère. On a remarqué l'air d'un effet entraînant: *O transport, ô désordre extrême!*

Blessé de l'échec qu'avait subi son dernier ouvrage, et d'ailleurs arrivé à un âge où le repos devient une nécessité, Gluck quitta la France et retourna à Vienne, malgré les instances que lui fit Marie-Antoinette pour le retenir à Paris. Sa carrière dramatique était maintenant terminée: il ne lui restait plus

qu'à jouir paisiblement de la fortune considérable qu'il avait
amassée tant au théâtre que dans le commerce des diamants.
Chose étrange ou au moins inusitée ! Cet artiste convaincu, ce
chef d'école, ce musicien de génie achetait, revendait, échangeait
des bagues, des montres, des tabatières et des breloques ! Le
vieillard avait songé à mettre en musique l'opéra des *Danaïdes*,
mais sa santé l'en empêcha, et il dut laisser cette tâche à son
élève Salieri. Aussi bien, il avait assez fait pour l'art lyrique,
et l'on ne voit pas ce qu'une production de plus aurait ajouté
à la gloire de l'auteur d'*Orphée*, d'*Alceste* et des deux *Iphigénies*. Malheureusement un orgueil excessif se joignait chez
Gluck aux riches facultés qu'il tenait de la nature. Ses épîtres
dédicatoires, si remarquables par la netteté des théories dramatiques qui y sont formulées, trahissent un amour-propre
exagéré.

Une attaque d'apoplexie enleva l'illustre musicien le 25 novembre 1787.

PICCINNI

NÉ EN 1728, MORT EN 1800

Le nom de Piccinni rappelle la querelle mémorable dans laquelle étaient engagées les destinées mêmes de l'opéra. Opposé à Gluck, il succomba dans cette lutte trop inégale. L'avantage devait rester au génie sur le talent, quelque grand qu'il fût. Toutefois ce n'est pas un médiocre honneur pour l'auteur de *Didon* que d'avoir été choisi comme le champion de la musique italienne. Il était digne de cet honneur, par l'abondance de ses idées, la belle ordonnance de ses scènes dramatiques, et aussi par l'ardente conviction qui n'a jamais cessé de l'animer.

Nicolas Piccinni naquit en 1728, à Bari, dans le royaume de Naples. Il était fils d'un musicien qui, au lieu de lui enseigner son art, le destinait à l'état ecclésiastique. L'enfant étudiait pour entrer dans les ordres sacrés, mais la nature en avait fait un artiste. Un jour que son père l'avait mené chez l'évêque de Bari, il profita d'un moment où on l'avait laissé seul, pour s'asseoir à un clavecin et se livrer à sa passion favorite. Le prélat se trouvait dans une pièce voisine; il n'eut pas plutôt reconnu la justesse et la précision de son jeu que, surpris de rencontrer de telles dispositions chez un enfant de cet âge, à qui les maîtres avaient jusqu'alors fait défaut, il engagea le père de Piccinni à envoyer le jeune virtuose, non au séminaire, mais au Conservatoire. Si la vocation pour le sacerdoce

entraîne avec elle des épreuves et des sacrifices, la carrière
musicale est aussi hérissée d'obstacles; elle exige une grande
persévérance, un labeur incessant; elle expose à bien des mé-
comptes, souvent même à de grands chagrins. Piccinni en fit
la dure expérience.

Le sage avis de l'évêque fut cependant suivi. En 1742, à
l'âge de quatorze ans, Piccinni entra à l'école de San-Onofrio,
alors dirigée par Leo.

Quelques mois après, Leo mourait et sa place au Conservatoire de San-Onofrio était donnée à Durante. Celui-ci voua une
affection toute particulière au jeune homme : « Les autres sont
mes disciples, disait-il, mais Nicolas est mon fils; » touchante
parole qui suffit à caractériser les rapports du maître et de
l'élève dans cette institution unique au monde, dans ce Conservatoire de Naples.

Piccinni avait vingt ans quand il débuta, en 1754, dans la
carrière de compositeur dramatique. Il en avait passé douze
au Conservatoire. Après de si longues études, il écrivit un
opéra intitulé *Le Donne dispettose,* qu'il présenta au théâtre
des Florentins. Le prince de Vintimille, qui s'intéressait à
l'avenir du jeune musicien, cautionna son succès en déposant
chez l'impresario une somme de 8000 livres. Le début de
Piccinni lui concilia le suffrage du public. En 1758, le compositeur fut appelé à Rome et y donna l'*Alessandro nelle Indie.*
L'éclatante fortune de cet opéra ne fut dépassée que par celle
de *La Cecchina* ou *La buona Figliola,* représenté deux ans
après (1760). Le livret de la *Cecchina* appartient à Goldoni.
C'est l'ouvrage bouffe le plus remarquable qui ait paru avant
Il Matrimonio segreto de Cimarosa. La coupe des airs, la
variété du rythme, la fréquence des modulations, le développement intéressant des finales, tout cela sembla nouveau.

En Italie, l'engouement tint du délire. Ajustements, modes,
enseignes de boutiques, tout fut à *la Cecchina.* Jomelli,
d'abord hostile à l'auteur, n'eut pas plutôt assisté à l'exécution

de cette partition que ses préventions se dissipèrent et qu'il ne put s'empêcher de dire : « Celui-ci est un inventeur. »

La réputation de Piccinni était déjà supérieure à celle de tout autre compositeur dramatique. Dans la seule année 1761, il ne composa pas moins de six opéras, tous représentés avec succès.

Les Romains, fatigués à la longue d'une admiration trop fidèle, s'ingénièrent à remplacer leur idole par une nouvelle moins digne de leur culte, et affectèrent soudain de préférer Anfossi à Piccinni. Désespéré d'avoir essuyé une chute dans la ville qui avait le plus contribué à son illustration, l'artiste en conçut un tel chagrin qu'il fit une maladie grave et resta alité pendant plusieurs mois. Son retour à la santé fut marqué par le charmant opéra bouffe des *Viaggiatori felici*, qui causa un vif plaisir aux Napolitains. Sur ces entrefaites, comme nous l'avons vu plus haut, Gluck révolutionnait notre scène lyrique. La faction qui lui était hostile songea à lui donner un rival dans la personne du compositeur qui remplissait l'Italie du bruit de son nom.

Un traitement de 6000 livres, l'indemnité de son déplacement, et un logement dans l'hôtel de l'ambassadeur, tels furent les avantages dont la promesse détermina Piccinni à partir pour la France avec sa famille dans l'hiver de 1776. A son arrivée, le maître vit bientôt qu'il fallait en rabattre. On le logea dans une mansarde d'hôtel garni, en attendant qu'il pût s'installer rue Saint-Honoré dans un petit appartement qu'on préparait pour lui. Marmontel, qui habitait en face de sa maison, ne tarda pas à devenir son ami. Il lui apprit le français et se chargea d'arranger à son usage et de réduire en trois actes les tragédies lyriques de Quinault.

L'engagement de Piccinni avait été tenu secret. Une lettre du bailli du Rollet en avertit Gluck, qui en témoigna une vive irritation. Le nouveau venu se trouvait dans les conditions les plus désavantageuses, toute question de talent mise à part. Son

PICCINNI.

rival jouissait de la protection de la reine et de la faveur des musiciens, qu'il avait fini par plier aux formes nouvelles de son style. Pour lui, il n'était pas connu des artistes de l'Opéra et il n'avait pas non plus cette humeur intrigante et jalouse, si redoutable quand elle sert de véhicule à un mérite supérieur. D'un caractère doux, timide, ennemi des brigues et des cabales, Piccinni se laissait effrayer par les orages que suscitaient les répétitions de son *Roland*. Il était plus mort que vif quand vint le jour de la première représentation (27 janvier 1778); contre son attente et malgré les menées des gluckistes, l'ouvrage réussit. Ce n'était pourtant pas un des meilleurs qu'eût écrits le maître.

Je ne m'étendrai pas ici sur la *guerre des coins* dont j'ai parlé déjà dans mon étude précédente sur Gluck. D'ailleurs il est à remarquer que, tandis que les piccinnistes attaquaient la personne même de Gluck, assez versé dans notre langue pour répondre à ses adversaires par de vertes diatribes, les gluckistes épargnèrent généralement Piccinni, qui savait tout juste assez de français pour comprendre les poèmes qu'on lui soumettait. Ce fut sur ses partisans Marmontel, La Harpe, Ginguené, d'Alembert, qu'on se rabattit le plus souvent. Le librettiste sortit de la première bataille plus blessé que le maestro, car l'abbé Arnaud fit sur lui l'épigramme suivante :

> Ce Marmontel, si long, si lent, si lourd,
>   Qui ne parle pas, mais qui beugle,
>   Juge la peinture en aveugle,
>   Et la musique comme un sourd.
>   Ce pédant à si triste mine,
>   Et de ridicules bardé,
> Dit qu'il a le secret des beaux vers de Racine ;
>   Jamais secret ne fut si bien gardé.

Les opéras de Piccinni plaisaient peut-être plus que ceux de Gluck à la première audition ; mais ils se soutenaient moins longtemps à la scène.

Cependant le compositeur italien jouissait à Versailles d'une faveur plus honorifique que productive. Sa correspondance trahit plus que la gêne; c'est un état de détresse qui contraste singulièrement avec les brillantes promesses qu'on lui avait faites pour l'attirer en France.

La situation de Piccinni s'améliora lorsqu'il eut été chargé de diriger la troupe italienne, qui en 1778 vint donner des représentations à l'Académie royale de musique, concurremment avec les chanteurs de l'Opéra français. Le maître profita de cette circonstance pour faire entendre aux Parisiens plusieurs de ses anciennes partitions et l'intérêt qui s'attacha à ses ouvrages italiens rejaillit sur ceux qu'il composa ensuite. Son *Atys*, bien supérieur à *Roland*, fut représenté en 1780; il traversa d'abord une période d'indécision et finit par obtenir un succès justifié. Mais au moment où la lutte entre la musique dite allemande et la musique italienne semblait moins vive, Devismes, directeur de l'Opéra, la ranima tout à coup en confiant le même sujet aux représentants des deux écoles. Deux livrets différents, ayant chacun pour objet *Iphigénie en Tauride*, furent remis l'un à Gluck, l'autre à Piccinni. L'œuvre de l'artiste allemand fut représentée en 1779, avec un succès qui eût dû empêcher sa rivale de voir le jour. Après avoir gardé sa partition pendant deux ans, Piccinni eut le tort de la faire exécuter le 23 janvier 1781. C'était s'exposer à une défaite certaine. Il y a cependant plus d'un morceau remarquable dans l'*Iphigénie* italienne; nous voudrions qu'on lût et qu'on relût la scène entre Oreste et Pylade, l'air très mélodieux : *Oreste, au nom de la patrie !* le rondeau : *Cruel, et tu dis que tu m'aimes !* le chœur des prêtresses : *Sans murmurer, servons les dieux*, enfin le récitatif et l'air : *O barbare Thoas !*

Le départ de Gluck semblait laisser le champ libre à Piccinni; mais à peine ce rival s'était-il retiré, qu'il en surgissait un autre dans la personne de Sacchini venant à son tour prendre part au mouvement qui s'était produit en France, pour

le plus grand progrès, en somme, de l'art musical. L'attention
publique se portait avec passion vers les questions d'esthétique.
La plupart des tenants des deux partis ne savaient guère ce
qu'ils disaient, ni ce dont il était question. Mais enfin la musique était l'occasion, le prétexte du débat qui excitait l'émulation des compositeurs. Les deux pièces de *Chimène* et de *Didon*
furent jouées à Fontainebleau devant la cour. *Chimène* n'eut
qu'une représentation, tandis que *Didon* fut demandée trois
fois de suite par Louis XVI. Transportée sur la scène de l'Opéra
le 1ᵉʳ décembre 1783, l'œuvre de Piccinni fut chaleureusement
applaudie. Les mélodies sont pleines de grâce et de tendresse,
et les accompagnements offrent une harmonie pure et élégante.
Le rôle de Didon est admirablement traité. La grande scène :
Non, ce n'est plus pour moi, c'est pour lui que je crains, est un
chef-d'œuvre; quant à l'air : *Ah ! que je fus bien inspirée !* Il
figure à bon droit dans tous les recueils classiques. Quelle distinction et quelle tendresse dans ces phrases harmonieuses.

La fortune du compositeur, longtemps contesté, était arrivée
à son point culminant. En 1784, il est nommé maître de chant
à l'École royale de musique et de déclamation fondée par le
baron de Breteuil. Mais bientôt son étoile pâlit. Les intrigues
qui empêchèrent la représentation de l'*Enlèvement des Sabines*
et de *Clytemnestre* à l'Opéra, enfin la perte de ses places en
1791, toutes ces contrariétés réunies firent prendre au musicien la résolution de quitter la France où il avait fait jouer
quinze opéras, et de retourner pauvre dans sa patrie.

L'accueil que Naples fit à l'illustre artiste sorti de ses écoles,
semblait l'augure de jours meilleurs. Piccinni reçut une pension du roi; il vit réussir son oratorio intitulé: *Jonathas* (1792),
et l'opéra-bouffe de la *Serva onorata*. Mais une sorte d'*in-
fluenza* française pesait sur lui. Vainement il avait fui notre
sol inhospitalier; c'était encore la France qui à Naples allait
le poursuivre et rompre le cours de ses prospérités renais-
santes. Vers la fin de 1792, il devint suspect de républicanisme

pour avoir marié une de ses filles à un jeune Français établi à Naples. Quoique ancien pensionnaire de la monarchie et victime de la Révolution, Piccinni avait eu la faiblesse de prêter son concours au Comité des fêtes publiques de ce temps en composant la musique de l'*Hymne à l'Hymen*, pour la célébration des mariages, sur des paroles de Ginguené. L'accusation de jacobinisme, propagée par deux de ses anciens élèves, excita la population contre lui et amena la chute de son opéra *Ercole al Termodonte*, dont le sujet est la défaite des Amazones par Hercule. Le compositeur, qui était allé à Venise faire jouer la *Griselda* et *Il servo padrone*, fut à son retour (1793) gardé à vue par une police soupçonneuse et tracassière. Durant quatre ans d'une véritable détention, au milieu de l'abandon et de la misère, l'artiste dont le calme philosophique et la résignation ne se démentirent jamais, employa son temps à écrire pour les couvents des psaumes que sa pauvreté ne lui permettait pas de faire copier. Cette captivité finit enfin par le traité de paix conclu avec la République française, et Piccinni put communiquer avec ses amis de Paris. L'auteur de *Didon* s'y rendit. Le public lui fit une ovation à l'Opéra, et le Directoire lui accorda une pension de 2400 francs, outre un secours de 5000 francs pour parer aux besoins les plus urgents de sa situation ; sa pension de compositeur, qu'il avait cessé de toucher en 1790, lui fut rendue, mais réduite de 3000 francs à 1000. C'était l'aisance, une aisance bien restreinte cependant pour un vieillard chargé de famille.

Aux libéralités du Directoire le Consulat en ajouta une autre : par un décret daté du mois d'avril 1800, une sixième place d'inspecteur du Conservatoire fut créée en faveur de Piccinni. Il était trop tard. Le bénéfice de cette nomination ne fut que pour l'ombre du compositeur, qui y gagna une oraison funèbre de plus. Malade depuis longtemps d'une affection bilieuse et d'ailleurs âgé de soixante-douze ans, il mourut le 7 mai 1800, à Passy, où sa famille l'avait fait transporter dans l'espoir chimérique que l'air de la campagne aiderait au rétablissement de ses forces.

Les gluckistes ont fait valoir contre Piccinni deux principaux griefs : ils lui ont reproché d'avoir méconnu l'importance de deux éléments qui constituent surtout la réforme musicale opérée par l'auteur d'*Alceste* : savoir le style descriptif et en second lieu la participation plus fréquente, pour ne pas dire constante, de l'orchestre aux péripéties du drame lyrique. On accusait le compositeur de *Roland* et d'*Atys* de chercher exclusivement la mélodie dans ses opéras. Si cette querelle d'Allemands a pris d'aussi grands développements, c'est à cause de l'ignorance musicale de ceux qui l'ont soulevée.

Plus versés dans la connaissance des choses dont ils parlaient, les Suard, les Arnaud et autres auraient su qu'il n'y a pas de bonne mélodie sans une bonne harmonie, et que, loin d'avoir séparé ces deux inséparables attributs de la musique, Gluck et Piccinni les ont constamment réunis dans leur pensée. Seulement le second a conservé les formes traditionnelles des morceaux lyriques, tandis que le premier, plus hardi, a introduit une coupe d'airs différente, et a donné plus souvent la parole à l'orchestre. Les procédés restent absolument les mêmes et portent chez tous deux le cachet du maître. Chacun en a varié l'usage selon le caractère de son génie. En outre, Piccinni non seulement n'a pas négligé le rôle de l'orchestre, mais il l'a développé au contraire, et l'a mis en rapport intime avec le sujet. L'ouverture de *Diane et Endymion*, qui peint la fraîcheur de l'aurore, le chant des oiseaux, toute la nature ranimée par la présence de l'astre du jour, cette ouverture, dis-je, prouve que Piccinni ne reculait pas devant une conception hardie et une infraction aux règles du théâtre, lorsqu'elle lui paraissait utile à l'expression de sa pensée. Il fallait constater cela pour rectifier la fausse opinion que plusieurs peuvent s'être faite de la musique du rival de Gluck, vaincu par lui, mais pouvant honorablement supporter sa défaite.

HAYDN

NÉ EN 1732, MORT EN 1809

Le nom de Haydn rappelle à l'esprit le père de la musique moderne et le créateur de la symphonie. Tout se trouve chez ce vieux maître : rythmes merveilleusement féconds, harmonie d'une perfection achevée et d'une variété infinie, idées souvent délicieuses. Personne n'a disposé plus librement que lui des ressources de l'art. Il écrivait tout ce qu'il voulait; point de sujet si rebelle en apparence à l'expression musicale qu'il ne réussît à traduire dans sa langue divine. Pour en arriver là, le génie, quelque riche qu'on le suppose, est insuffisant s'il n'est aidé par un incessant travail. Dans sa jeunesse, Haydn donnait à l'étude seize heures par jour et quelquefois dix-huit; plus tard, il se réduisit à cinq. Un homme si heureusement doué n'avait pas besoin d'arracher péniblement de son cerveau ce que ses facultés produisaient sans effort : c'était précisément l'abondance des idées qui gênait le maître. Son goût sévère ne se contentait pas de la première forme qui s'offrait à lui. On l'a vu composer un grand nombre de morceaux sur le même thème, afin d'arriver ainsi, par une série de tâtonnements et d'essais, à l'expression parfaite et définitive. Voilà la raison de cet immense labeur, de cette application soutenue et infatigable qui surprend tout d'abord, car elle semble le propre des intelligences ingrates.

Tout au contraire : il n'appartient qu'aux grands hommes de se corriger ainsi eux-mêmes, de se faire les critiques de leurs propres inspirations. La conscience artistique, portée à ce point, ne se rencontre qu'unie au génie, parce qu'elle est en raison directe du sentiment qu'on a de l'idéal.

François-Joseph Haydn naquit le 31 mars 1732, à Rohrau, village situé à quinze lieues de Vienne, sur la limite de l'Autriche et de la Hongrie. Son père cumulait l'état de charron et les fonctions de sacristain de la paroisse ; il avait une belle voix de ténor et avait appris à jouer de la harpe à Francfort, dans un de ces voyages tels qu'en faisaient alors assez fréquemment les ouvriers allemands. Sa mère, Anne-Marie, avait été cuisinière chez le comte de Harrach, seigneur du village de Rohrau. Elle chantait agréablement ; aussi les dimanches et les jours de fête, les deux époux se délassaient-ils des travaux de la semaine en demandant des distractions à la musique. Mathias Haydn accompagnait sur la harpe les airs chantés par sa femme. A l'âge de cinq ans, l'enfant voulut aussi se mêler à ce petit concert : il le fit d'une manière originale, se servant d'un morceau de bois et d'une baguette en guise de violon et d'archet. Paganini lui-même n'aurait pu tirer aucun son d'un pareil instrument, mais le jeune Joseph se dédommageait en marquant la mesure avec les mouvements de son archet, et cela d'une façon si juste et si exacte, qu'elle excita l'étonnement d'un parent de la famille, nommé Franck, qui était venu un jour rendre visite au charron de Rohrau. Ce Franck était maître d'école à Haimbourg et bon musicien. Il offrit de faire l'éducation de l'enfant et les parents y consentirent avec joie. Haydn suivit donc son cousin à Haimbourg ; il y apprit les éléments de la musique et assez de latin pour comprendre le sens des textes sacrés. On s'aperçoit de ces études de latinité dans l'accentuation de ses messes et de ses motets et dans la justesse d'expression de ses compositions religieuses ; la même convenance se remarque dans la musique

d'église de Mozart, et, il faut le reconnaître, chez la plupart
des maîtres du dix-huitième siècle.

L'application d'Haydn était dès lors extrême et les signes
incontestables de la vocation musicale se faisaient reconnaître
en lui. Son maître cultivait d'ailleurs avec zèle ses heureuses
dispositions. C'était à la vérité le zèle d'un instituteur brutal,
plus prodigue de taloches que de bons morceaux, comme
Haydn le disait plus tard; mais si le maître d'école de Haimbourg avait la main leste, du moins sa sévérité eut-elle pour
effet d'activer les progrès de son élève.

Haydn était depuis trois ans chez son cousin, quand le hasard
conduisit chez Franck le maître de chapelle Reuter, qui dirigeait la musique de la cathédrale de Saint-Étienne, à Vienne.
Reuter faisait une tournée pour recruter des enfants de chœur.
L'instituteur lui ayant parlé avec admiration de son jeune parent, l'artiste viennois voulut l'entendre. Le fils du charron se
tira de cette épreuve à son honneur. Seulement Reuter remarqua qu'il ne savait pas faire le trille. « Et comment voulez-
vous, répondit l'enfant terrible, que je sache ce que mon
cousin lui-même ne sait pas? — Viens ici, je vais te l'apprendre, » réplique le maître. Il prend alors le jeune musicien
entre ses jambes, lui montre comment il faut rapprocher avec
rapidité deux sons, retenir son souffle et battre la luette. A
peine cette leçon est-elle donnée, que l'enfant se met aussitôt à
triller comme s'il n'avait jamais fait que cela. Enchanté du succès de son écolier, Reuter prend une assiette de magnifiques
cerises qu'on venait de mettre sur la table et la vide tout entière
dans les poches de l'enfant. Inutile de dire qu'il ne s'en tint
pas là, et qu'il emmena avec lui à Vienne celui qui promettait
d'être l'ornement de sa cathédrale.

Les enfants de chœur de Saint-Étienne n'avaient chaque jour
que deux heures de travail obligatoire; mais Haydn, possédé du
désir d'augmenter ses connaissances, saisissait toutes les occa-
sions d'entendre chanter ou jouer d'un instrument. Déjà même

HAYDN.

il s'exerçait à la composition, et à l'âge de treize ans il ne craignait pas d'écrire une messe. Reuter la vit et s'en moqua. Le
précoce compositeur sentit la justesse du jugement de son
maître; il résolut de suppléer aux leçons qu'il ne pouvait recevoir par la lecture d'ouvrages de théorie. Sous prétexe de re-
monter sa garde-robe, il demanda de l'argent à son père et les six
florins qu'il en obtint lui servirent à acheter le *Gradus ad Par-
nassum* de Fux et le *Parfait maître de chapelle* de Mattheson.

Haydn dut peut-être à l'absence d'enseignement régulier et
approfondi, à la nécessité de chercher et de trouver seul ce
qu'on apprend aux autres, à ces apparentes entraves en un mot,
la vraie science que donne l'expérience directe, la liberté d'inspiration et l'originalité qui éclatèrent plus tard dans ses ouvrages.

Le jeune artiste était employé depuis près de huit ans à la
maîtrise de Saint-Étienne, quand il en fut chassé à cause d'une
espièglerie échappée à son caractère naturellement gai et
plaisant. Un jour il s'avisa de couper la queue de la robe d'un
de ses camarades. Cette gaminerie ne méritait qu'une répri-
mande, mais elle coïncidait avec l'époque de la mue; l'adolescent ne pouvant plus chanter en voie de soprano n'était plus
nécessaire; Reuter profita de la circonstance pour lui donner
son congé. Voilà notre musicien jeté tout à coup sur le pavé de
Vienne, sans argent et avec des vêtements usés qui ne lui
permettaient de se présenter nulle part. Heureusement qu'en
Autriche les classes populaires sont accessibles au dilettantisme. Haydn trouva un asile dans le logement d'un pauvre
perruquier, nommé Keller, qui souvent avait admiré la beauté
de son organe, dans les solennités de la cathédrale. Ce brave
homme offrit la table et le logement au futur symphoniste, qui,
débarrassé des soins matériels, put de nouveau se livrer avec
ardeur à l'étude. Un clavecin rongé des vers, ses traités de
Mattheson et de Fux, tels étaient les objets qui figuraient dans
la mansarde habitée par Haydn.

Avec les sonates d'Émmanuel Bach, qu'il exécutait sur son méchant clavecin, cette mansarde devenait un palais à ses yeux. Du reste, il ne fut pas longtemps sans trouver des occupations qui lui facilitèrent le moyen de s'acquitter vis-à-vis de l'honnête perruquier. Peu à peu, en effet, sa situation s'améliora, grâce à quelques leçons de piano et de chant. De plus, il jouait la partie de premier violon à l'église des Pères de la Miséricorde, et touchait de l'orgue les dimanches et fêtes à la chapelle du comte de Haugwitz.

Dans cette maison où le pauvre Haydn occupait un galetas sous les toits, Métastase louait un appartement conforme à sa position de *poeta cesareo* de la cour de Vienne. Malgré la différence des fortunes et des situations, il s'établit bientôt des rapports entre l'illustre poëte et l'obscur artiste. Charmé de l'intelligence qui éclatait dans sa conversation, Métastase se lia d'amitié avec lui, lui apprit les éléments de la langue italienne et l'introduisit dans la maison de l'ambassadeur vénitien Corner. Celui-ci logeait dans son hôtel le vieux Porpora. Haydn, par son talent, n'eut pas de peine à faire la conquête du noble Vénitien. Mais ce qu'il avait à cœur, c'était d'obtenir l'amitié du compositeur, dont les avis pouvaient lui être utiles. Durant un voyage que Corner fit avec toute sa maison aux bains de Manensdorf, le jeune homme, qui avait été aussi emmené par l'ambassadeur, n'oublia rien pour gagner les bonnes grâces du vieillard. Il le servait comme un domestique, brossant chaque matin son habit, arrangeant sa perruque et nettoyant ses souliers. A la fin le vieux maître s'apprivoisa; l'humeur bourrue et farouche de Porpora céda à tant de prévenances, et, touché d'ailleurs des rares dispositions que manifestait son serviteur volontaire, il le laissa puiser dans les trésors de son expérience et de son savoir. C'est ainsi que le fils du charron de Rohrau apprit les principes de l'art du chant italien. Corner, qui s'intéressait à l'avenir du jeune et studieux musicien, lui fit, à son retour à Vienne, une pension

mensuelle de six sequins (environ 72 francs), et le tira enfin
de la misère. Vers le même temps, quelques sonates de clavecin que Haydn écrivait pour ses élèves, mais dont il ne
tirait aucun profit, arrivèrent par hasard à la comtesse de
Thun, qui voulut en connaître le compositeur. Quand Haydn
lui eut été présenté, elle fut d'abord surprise du délabrement
de son costume et ne put se persuader qu'elle avait devant
les yeux le musicien dont elle admirait les productions. Le
jeune artiste la mit alors au fait de sa situation et la comtesse,
après lui avoir prodigué les encouragements les plus flatteurs,
lui fit présent de vingt-cinq ducats. Le baron de Furnberg
donnait des concerts dans son château situé à quelques lieues
de Vienne. Haydn y jouait la partie d'alto et Albrechtsberger,
frère du maître de chapelle, le violoncelle. Le jeune compositeur écrivit aussi, pour son propre usage, une sérénade à
trois instruments, qu'il allait, au clair de la lune, accompagné
de deux amis, exécuter en divers endroits de la ville. Un jour,
ou plutôt une nuit, il la fit entendre sous les fenêtres de l'ar-
lequin Bernadone Curtz, directeur du théâtre de la Porte de
Carinthie. Frappé de l'originalité de cette musique, l'impresario descendit dans la rue pour s'enquérir de son auteur.
« C'est moi, répondit Haydn. — Comment, toi ? à ton âge ? —
Il faut bien commencer par quelque chose. — Pardieu ! c'est
extraordinaire ; monte chez moi. » Quelques instants après, le
jeune homme sortait de la maison, emportant le scenario
d'un opéra-comique intitulé le *Diable boiteux.* Cet ouvrage,
écrit en quelques jours, obtint un brillant succès. Ses compositions instrumentales se multipliaient : c'étaient des sonates
de piano, des concertos et de petites pièces pour quatre, cinq ou
six instruments. Cependant il attendit encore plusieurs années
avant de rencontrer une position digne de son talent. Vers la
fin de 1758, à l'âge de vingt-sept ans, il devint second maître
de chapelle du comte de Mortzin, et, au commencement de 1759,
il fit exécuter par l'orchestre de ce gentilhomme sa première

symphonie en *ré*. Le vieux prince Antoine Esterhazy, grand amateur de musique, assistait à ce concert; transporté d'admiration, il demanda le nom de l'auteur. Friedberg, qui dirigeait l'orchestre, s'empressa de présenter Haydn : « Quoi, la musique est de ce Maure ? s'écrie le seigneur, faisant allusion au teint basané de l'artiste; eh bien ! petit Maure, dès ce moment tu es à mon service. Va, ajouta-t-il sans attendre la réponse du musicien déconcerté et muet de stupeur, habille-toi en maître de chapelle; je ne veux plus te voir ainsi : tu es trop petit, ta figure est mesquine, prends un habit neuf, une perruque à boucles, le rabat et les talons rouges; mais je veux qu'ils soient hauts, afin que ta stature réponde à ton mérite. » Cet entretien est caractéristique : il montre sans doute avec quel sans-façon les Mécènes d'outre-Rhin traitaient les artistes dont ils appréciaient le plus le talent. La place de maître de chapelle dans le château du fier magnat mettait son titulaire sur un pied de domesticité, il est vrai; mais, en le délivrant des soucis de l'existence matérielle, elle lui donnait la véritable liberté du génie. En outre, chez l'aristocratie autrichienne, les manières orgueilleuses n'excluaient pas un fond de bonté réelle. Il n'est que juste de saluer dans les Lichnowsky, les Lobkowitz, les Esterhazy, d'utiles et généreux patrons de l'art musical.

De 1760 à 1791, Haydn vécut à Eisenstadt. Le prince Antoine Esterhazy étant mort en 1761, il passa au service de son successeur Nicolas, qui lui témoigna toujours autant d'attachement que d'admiration. Quand on examine l'existence du maître, on est surpris d'y trouver si peu d'événements. La vie tourmentée et inquiète des artistes d'aujourd'hui n'offre rien de commun avec ce calme repos sur les hauteurs de la pensée, cette placidité sereine d'une destinée remplie tout entière par le culte du beau. Pendant trente ans, Haydn partagea uniformément chacune de ses journées entre la composition de ses ouvrages et la direction de l'orchestre confié à ses soins. La

chasse était la seule distraction qu'il s'accordât de loin en loin,
Cependant un nuage a pendant quelque temps assombri cette
belle existence. Notre musicien était marié. Fidèle à une promesse téméraire faite à l'époque de l'adversité, il avait épousé
une des filles de son ancien hôte, le perruquier Keller; mais
le caractère peu aimable d'Anne Keller rendit cette union
malheureuse. Des biographes prétendent qu'elle était d'une
dévotion exagérée et tracassière. Quoique le maître de chapelle
fût très pieux, nous savons déjà que sa dévotion n'altérait en
rien la gaieté de son caractère. Sa femme au contraire avait
une religion acariâtre et désagréable. L'incompatibilité d'humeur finit par amener une séparation. Toutefois, en quittant
Anne Keller, le compositeur eut soin de lui assurer une
position honorable. Obligé de sauvegarder la paix de son
intérieur troublée par d'incessantes querelles, il avait trop de
délicatesse pour ne pas assurer le sort de celle qui portait
son nom.

Moins avide de gloire que de perfection, Haydn ignorait sa
réputation lorsque déjà elle remplissait l'Europe. Dès l'année
1764, les œuvres d'Haydn furent publiées en France. Bocche-
rini avait fixé l'attention publique sur ses propres compositions
instrumentales; le talent dut céder la place au génie, et les
quatre-vingts quatuors d'Haydn forment depuis un siècle la
partie substantielle, indispensable de tout répertoire de
musique de chambre. Ce n'est pas que l'on ne remarque de
notables différences dans la manière du maître. Il y a loin des
petits quatuors où domine une naïveté charmante et presque
enfantine au cinquième quatuor en *fa* mineur de l'œuvre 20,
que Gluck entendit à Vienne en 1776. A partir de cette époque,
l'inspiration est sublime, surtout dans les adagios, et les
développements sont merveilleux. Aucun auteur, ni Haendel,
ni Mozart, ni Bach, n'a traité la fugue avec autant de facilité et
de grâce qu'Haydn ne l'a fait dans certaines parties de ses
grands quatuors. Sur la demande de la société qui dirigeait à

Paris les concerts de la Loge Olympique, il composa les six symphonies qui portent le nom du lieu où elles ont été exécutées.

Les *Sept paroles*, une des œuvres préférées du maître, furent écrites à l'occasion d'un prix proposé par un chanoine de Cadix pour l'auteur qui enverrait sept grandes symphonies, exprimant chacune des sentiments analogues aux sept paroles prononcées par Notre-Seigneur sur la croix. Cette musique devait être exécutée le Jeudi-Saint pour ajouter à la solennité des offices religieux. Haydn seul répondit aux conditions du concours et fit un chef-d'œuvre.

Dans sa résidence d'Eisenstadt, le protégé de la famille Esterhazy recevait fréquemment des lettres des *impresarii* de Naples, de Lisbonne, de Venise, de Milan, de Londres, etc., qui l'invitaient à travailler pour eux. Mais ces directeurs perdaient leur peine en s'adressant à un homme sans ambition, étranger à l'amour de l'argent, heureux de vivre et de se laisser vivre à côté de ses hôtes bien-aimés. La mort du prince Nicolas le décida pourtant à prêter l'oreille aux propositions qui lui étaient faites par le violoniste Salomon, entrepreneur des concerts de Hanover-square à Londres. Il devait défrayer vingt concerts en un an, et on lui promettait cinquante livres sterling pour chacun; de plus la propriété de ses ouvrages lui était laissée. Ces offres étaient avantageuses; Haydn les accepta et arriva à Londres en 1791, âgé alors de cinquante-neuf ans. Les Anglais firent un brillant accueil à l'illustre symphoniste, qui paya sa bienvenue en composant pour eux six grandes symphonies, des sonates de piano, et une foule d'autres pièces. En 1793, il revint dans l'hospitalière cité britannique, où son succès s'accrut encore, quand parurent ses six dernière grandes symphonies. L'université d'Oxford lui envoya le diplôme de docteur en musique, distinction que Haendel lui même n'avait pas obtenue. A son retour en Allemagne, il donna des concerts dans plusieurs villes et arriva à Eisenstadt vers la fin de 1794.

La renommée qu'il avait acquise à l'étranger contribua beaucoup à fortifier l'estime et l'admiration que ses compatriotes avaient pour lui. Il rapportait d'ailleurs de ses voyages un argument incontestable et bien propre à fermer la bouche aux détracteurs : quinze mille florins gagnés à Londres. Cette somme, jointe à ce que produisirent quelques concerts, mettait dorénavant Haydn dans une position aisée et indépendante. Le besoin d'une existence plus tranquille se faisait sentir ; il demanda sa retraite au prince Esterhazy, qui la lui accorda de bonne grâce, avec une pension convenable. Il acheta à Vienne, dans le faubourg de Gumpendorf, une petite maison avec un jardin et il y demeura jusqu'à sa mort.

Les œuvres écrites à partir de cette époque ont un caractère plus sérieux, plus profond que les compositions précédentes ; elles marquent un pas de plus non vers la perfection, mais vers les régions élevées de l'art où il est donné à l'œil humain d'entrevoir la beauté increée. Intuition ! contemplation ! but suprême de l'art ! un bien petit nombre d'intelligences humaines ont été appelées à atteindre à ces hauts sommets. Haydn a été un de ces privilégiés.

Le maître de chapelle n'existait plus, mais le compositeur, malgré ses soixante-trois ans, était aussi puissant que jamais. C'est à cet âge avancé qu'on le voit écrire ses deux principaux ouvrages : je veux parler de la *Création* et des *Saisons*, œuvres immortelles. Le baron van Swieten, directeur de la Bibliothèque impériale, était l'ami de Haydn ; il lui persuada de s'exercer dans le genre descriptif et lui fournit le poème d'un oratorio ou cantate dont le sujet était la *Création du monde* Le maître commença son travail en 1795. Cette production, d'un caractère nouveau, lui coûta deux années. Il disait lui-même qu'il y mettait beaucoup de temps, voulant la faire durable. La *Création* fut terminée au commencement de 1798 et exécutée pour la première fois dans le palais du prince de Schwartzemberg, en présence de tout ce que Vienne comptait d'hommes distingués et de femmes charmantes. L'auteur dirigeait en personne l'orchestre composé des meilleurs musiciens. Le succès fut immense et se renouvela partout où l'œuvre fut entendue. On sait que ce fut Steibelt qui fit jouer la *Création* à l'Opéra de Paris, d'après une transcription sur des paroles françaises. Le premier consul allait assister à l'exécution de cet ouvrage quand il faillit être victime de l'attentat du 3 nivôse (24 janvier 1801).

Les *Quatre-Saisons* succédèrent à la *Création*. Le baron van Swieten en avait emprunté le sujet au poème de Thompson. Il s'agissait pour le musicien de peindre, à l'aide des sons, dans une suite de tableaux, le printemps, l'été, l'automne et l'hiver. Achevée vers la fin de l'année 1800, cette composition fut entendue dans les salons du prince de Schwartzemberg, les 24 avril et 1ᵉʳ mai 1801. Les deux grands ouvrages qui ont marqué la fin de sa vie sont des modèles de musique descriptive.

Les dernières compositions de Haydn furent deux quatuors qui parurent en 1802. Il en avait commencé un troisième, dont le premier morceau suivi d'un menuet fut seul publié. Il ne put l'achever par suite de l'affaiblissement de sa santé. Épuisé par l'âge et la maladie, le vieillard s'était confiné dans une retraite profonde, d'où l'admiration du public viennois vint un jour le tirer, pour lui faire un suprême triomphe. On exécuta sous ses yeux la *Création* chez le prince Lobkowitz avec le concours de cent soixante musiciens. La salle contenait environ quinze cents personnes, toutes choisies parmi les notabilités de la politique, des arts et de la beauté. L'émotion fut grande au milieu de cette assemblée d'élite quand on vit paraître le vieux symphoniste porté dans un fauteuil. Aussitôt les fanfares sonnent : la princesse Esterhazy et madame de Kurbeck volent au-devant de leur vénérable ami ; Salieri, qui devait diriger l'orchestre, vient serrer avec attendrissement les mains du maître, qui l'embrasse. Enfin les premières mesures se font entendre et l'auditoire

recueilli rend encore hommage au compositeur par le profond
respect avec lequel il écoute son chef-d'œuvre.

Un trait touchant doit être signalé dans le récit de cette
solennité mémorable. Le médecin Capellini, homme de mérite, placé à côté de Haydn, s'aperçut que les jambes du
célèbre artiste n'étaient point assez couvertes. A peine en a-
t-il fait l'observation, que les plus beaux châles, les plus riches
cachemires viennent entourer et réchauffer les pieds du vieillard. Jamais l'attachement et la vénération ne se traduisirent
en prévenances plus délicates, en attentions plus flatteuses.
Cette journée était le glorieux couronnement des travaux de
toute une vie. Trop faible pour résister à tant d'émotions, l'auteur de la *Création* sent ses forces défaillir. On enlève le fauteuil ; au moment de sortir de la salle, il fait arrêter les
porteurs, adresse au public un salut de remerciement, puis, se
tournant vers l'orchestre, lève les mains, et, les yeux pleins de
larmes, semble appeler les bénédictions du ciel sur les interprètes de son œuvre de prédilection.

La fin de Haydn fut attristée par les chagrins que causa à son
âme patriotique la guerre de 1809. Depuis la reprise des hos-
tilités entre la France et l'Autriche, il demandait à chaque instant des nouvelles, allait à son piano, et de sa voix défaillante,
chantait l'hymne national [1] : *Gott, erhalte Franz den Kaiser,*
(Dieu, sauvez l'empereur François !)

Le 10 mai, l'ennemi arriva à une demi-lieue du petit jardin
de Haydn. Le vieillard, sans s'effrayer des obus qui viennent
tomber près de sa maison, rassure ses domestiques, en leur

1. L'hymne national de l'Autriche est le thème de l'adagio du troisième quatuor
de l'œuvre 76. Ce quatuor est un chef-d'œuvre d'un bout à l'autre. Mais l'adagio a
acquis une popularité de circonstance qui lui a fait donner le nom de *prière* ou
d'*Hymne à la paix*. Il fut composé et exécuté à l'occasion du traité de *Campo-
Formio*. On ne peut rien imaginer de plus harmonieux et de plus intéressant que
ce thème, reproduit successivement et intégralement par chaque partie avec des
variations et des modulations ravissantes. Il m'est arrivé plus d'une fois, lorsque
je touchais l'orgue, de recevoir la visite de M. Franchomme : on accordait le violoncelle et nous faisions entendre cet hymne. Les fidèles ne s'en plaignaient pas.

disant : « Pourquoi cette terreur ? sachez qu'aucun mal ne peut arriver là où se trouve Haydn. » Mais la vigueur de l'âme n'empêche pas le corps d'aller chaque jour en s'affaiblissant, lorsque l'heure du départ de ce monde a sonné. Le 26 mai, le vieux musicien chanta pour la dernière fois :

Dieu, sauvez l'empereur François !

Cinq jours après, il n'était plus. Il s'éteignit le 31 mai 1809, à l'âge de soixante-dix-sept ans et deux mois. On l'inhuma dans le cimetière de Gumpendorff. A quelques semaines de là, les artistes viennois exécutèrent en son honneur dans l'église des Écossais le *Requiem* de Mozart, et Cherubini fit entendre au Conservatoire de Paris un *Chant funèbre sur la mort de Haydn*.

Le nombre des compositions de Haydn s'élève à près de huit cents, qui se divisent en cantates, symphonies, oratorios, messes, concertos, trios, quatuors, sonates, menuets, etc. La musique dramatique est représentée dans cet ensemble par vingt-deux opéras, dont huit allemands et quatorze italiens. Plusieurs furent écrits pour le théâtre particulier d'Eisenstadt. Gêné par les exigences de la scène, le plus grand des symphonistes n'est qu'estimable dans la mélopée dramatique.

La foi d'Haydn était sincère, candide et profonde. En présence de ces difficultés qu'offre souvent le travail du compositeur et que la hardiesse de ses conceptions devait rendre parfois inextricables, il prenait son rosaire et se mettait à prier. « Ce moyen, disait-il, lui avait toujours réussi. » Quoiqu'il ait écrit des messes admirables et des motets d'une suavité tout angélique, sa musique sacrée manque souvent de cette mélancolie chrétienne, de ce sentiment de componction, d'adoration suppliante qu'on trouve dans les œuvres de Mozart. Son *Stabat Mater* est riche en combinaisons harmonieuses ; mais il n'est pas imprégné de larmes comme celui de Pergolèse. Quant à un *Requiem*, Haydn n'a pas tenté l'expérience, et il a bien fait. Car sa confiance dans la bonté et la miséricorde divines était telle, qu'il l'aurait traité *in tempo allegro*, c'est lui-même qui l'a dit.

Ayons des musiciens d'un caractère aussi ferme, d'un esprit aussi convaincu, et notre art, au lieu de se faire le complice des pires instincts de la brute, servira la cause des idées élevées et généreuses, et reprendra son rang dans l'œuvre de la vraie civilisation.

GRÉTRY

NÉ EN 1741, MORT EN 1813

Grétry ne possède ni la science des harmonistes allemands, ni l'extrême richesse mélodique des Italiens; mais sa musique, qu'il s'est efforcé de rendre parlante, répond bien au tempérament d'un pays où l'on tient surtout à ce que les inspirations du compositeur s'adaptent parfaitement aux intentions du poète. De là la vogue immense que les ouvrages du maître liégeois ont eue à Paris. Par le mélange de légèreté et de sensibilité qui constitue son talent, il était appelé à réussir dans l'opéra-comique de demi-caractère.

Le plus français de nos compositeurs dramatiques, André-Ernest-Modeste Grétry, naquit à Liège, le 11 février 1741. Lorsqu'il eut atteint sa sixième année, son père, qui était premier violon à la collégiale de Saint-Denis, l'y fit entrer comme enfant de chœur.

Grétry était né compositeur. Comme tous ceux qui ont senti du ciel l'influence secrète, il n'attendit pas les leçons de contrepoint pour s'exercer à écrire de la musique. Ses premiers essais furent un motet à quatre voix et une fugue instrumentale qu'il fit en prenant pour modèle une autre fugue. Charmée de rencontrer dans un des siens des dispositions si heureuses, sa famille le confia aux soins de Renekin, organiste de la collégiale, qui lui enseigna l'harmonie. Peu de temps après, il étudia le contrepoint avec Moreau, maître de chapelle de Saint-Paul.

Vers cette époque, une messe qu'il composa et qui fut exécutée à la satisfaction des chanoines de la cathédrale lui valut une bourse au collège liégeois de Rome. La difficulté des communications rendait alors les déplacements fort pénibles, surtout pour un pauvre étudiant qui n'avait pas le moyen de payer des chaises de poste. Il est vrai qu'on trouvait une compensation du côté du pittoresque et de l'imprévu. Grétry donne des détails piquants sur son voyage entrepris en compagnie d'un jeune abbé, d'un joyeux carabin et d'un vieux contrebandier nommé Remàcle qui servait de guide à la troupe. Tout ce monde voyageait à pied. L'abbé n'avait pas fait vingt-cinq lieues, que la fatigue ou peut-être la trop grande gaieté de ses compagnons de route l'obligea à rebrousser chemin; le reste de la petite caravane poursuivit sa marche, égayée de temps à autre par les douteuses facéties de l'élève d'Esculape, qui payait volontiers son écot en saignant à blanc l'hôtelier. Après avoir pris de longs détours, à cause des continuelles inquiétudes du contrebandier, nos voyageurs touchèrent enfin au terme de leur route.

Arrivé à Rome en 1759, Grétry étudia le contrepoint pendant quatre ou cinq ans sous la direction du maître de chapelle Casali; il se fit recevoir ensuite membre de l'Académie philharmonique de Bologne. Son premier ouvrage dramatique fut un intermède qu'il écrivit pour le petit théâtre Aliberti. Cet ouvrage, intitulé *le Vendemmiatrice* (les vendaneuses), fut bien accueilli du public romain. Toutefois ce n'était pas dans l'opéra italien que l'auteur était appelé à se faire un nom. La partition de *Rose et Colas* lui tomba un jour sous les yeux, et dès lors sa véritable vocation lui fut révélée. Il venait en effet de rencontrer dans la gracieuse production de Monsigny un spécimen du genre de musique naturelle et facile qui convenait à sa manière de sentir.

Aller à Paris, telle était alors l'idée fixe du jeune artiste. Il quitta l'Italie au mois de janvier 1767 ; mais le besoin de se créer au préalable des ressources pécuniaires l'obligea à s'ar- rêter à Genève, où un musicien nommé Weiss, dont il avait fait la connaissance à Rome, lui procura au bout de quelques jours plusieurs élèves. Bien que l'enseignement du chant fatiguât sa poitrine, Grétry s'y résigna en vue de pourvoir aux dépenses que devait entraîner bientôt son séjour à Paris. Près d'une année s'écoula pour lui dans ces obscures et ingrates fonctions.

Il avait déjà vingt-huit ans. Le temps pressait : il n'hésita plus, et se rendit à Paris. Au moment où il y arriva, Philidor, Monsigny et Duni se partageaient l'empire de la scène lyrique. Mû par un sentiment de bienveillance très rare chez les par- venus de la réputation, l'auteur du *Sorcier*, sans craindre de frayer la voie à un rival possible, s'employa activement au service du nouveau venu, et s'efforça de lui obtenir un poème. Mais toutes ses démarches restèrent infructueuses. Aucun litté- rateur en renom ne se souciait de collaborer avec un inconnu.

Le pauvre Liégeois avait, pendant près de deux ans, frappé inutilement à toutes les portes, quand s'ouvrit par hasard celle de Du Rozoy. Ce jeune poète, presque aussi ignoré que le musicien (ce qui peut-être contribua à le rendre accom- modant), consentit enfin à écrire pour Grétry une pièce inti- tulée *les Mariages samnites*. La protection du prince de Conti avait aplani les premières difficultés, et Trial, directeur de l'Opéra, s'était chargé de monter la pièce. Malheureusement, elle échoua aux répétitions, où elle produisit l'effet le plus déplorable. Le public d'élite qui a l'habitude d'assister à ces représentations avant la lettre, déclara d'une voix unanime que Grétry n'était pas né pour la musique dramatique. Malgré ce désastre, le comte de Creutz, envoyé de Suède, qui s'intéressait vivement au compositeur, ne désespéra pas de son avenir. Ce fut par l'entremise de ce personnage que

Grétry obtint de Marmontel le livret du *Huron*, pièce en deux actes, tirée du conte de Voltaire intitulé *l'Ingénu*. L'ouvrage, représenté à la Comédie-Italienne, le 20 août 1768, réussit pleinement, grâce à cet accord de la musique avec les paroles qui était déjà la qualité dominante du jeune maître.

On accusait Grétry de manquer de gaieté. Il répondit à ce reproche en donnant le *Tableau parlant* (20 septembre 1769) : cette aimable partition, aussi amusante que ses aînées étaient pathétiques, renferme, entre autres jolis motifs, l'air : *Pour tromper un pauvre garçon*, les couplets : *Vous étiez ce que vous n'êtes plus*, la description comique de la *Tempête* de Pierrot, et un bon duo : *Je brûlerai d'une ardeur éternelle*.

L'année suivante, l'artiste revint à ce qu'il appelle les *Pièces d'intérêt*, celles où se trouve un élément sentimental. *Sylvain*, dont les paroles sont de Marmontel, fut représenté aux Italiens le 19 février 1770. C'est une des meilleures productions du maître liégeois.

Les *Deux avares*, qui furent joués à la Comédie-Italienne, le 6 décembre 1770, seraient encore entendus avec plaisir aujourd'hui, si le dialogue n'en était pas d'une faiblesse extrême. Adaptée à d'autres paroles, cette partition presque centenaire charmerait encore les oreilles délicates. La marche : *La garde passe, il est minuit*, est encore chantée dans toutes les sociétés chorales.

Jusqu'ici Grétry avait toujours été heureux à la scène. Il échoua avec l'*Amitié à l'épreuve*, qui n'obtint que douze représentations (17 janvier 1771); mais la vogue de *Zémire et Azor*, comédie-féerie en quatre actes, représentée le 10 décembre de la même année, le dédommagea amplement de cette chute. Marmontel, le collaborateur ordinaire, très ordinaire même, du musicien, était l'auteur du livret. Le triomphe de *Zémire et Azor* est dû tout entier à la musique. Chaque morceau offre une mélodie bien caractérisée; dans l'air d'Ali : *L'orage va cesser*, elle est calquée sur les paroles d'une façon toute naturelle. Il faut admirer la fermeté du mouvement de l'allegro chanté par Sander : *Le malheur me rend intrépide;* le délicieux trio du second acte : *Veillons, mes sœurs;* la romance de Zémire : *Rose chérie;* l'air bouffe d'Ali : *Plus de voyage qui me tente;* l'air d'Azor, d'une sensibilité si exquise : *Du moment qu'on aime*, et enfin le trio du troisième acte, qui est la scène la plus émouvante de l'opéra.

La mode était alors aux tableaux de la vie champêtre. Rousseau prétendait avoir découvert le sentiment de la nature; le public frivole de Paris trouvait de bon goût de se passionner, après lui, pour les mœurs rustiques et naïves. C'était le temps où on lisait avec avidité les idylles de Gessner, les pastorales de Florian et les poèmes de Saint-Lambert. Gentilshommes et marquises se costumaient en bergers et en bergères; Marie-Antoinette suivait les goûts du jour en faisant une petite ferme de son chalet de Trianon. Effort factice d'une société blasée qui essaye de se donner le change sur sa sénilité et son ennui. Grétry paya tribut à l'entraînement général en composant *la Rosière de Salency*, comédie pastorale en quatre actes, remise depuis en trois, dont les vers sont de Pesay et qui fut représentée aux Italiens le 28 février 1774. Le maître a su éviter le défaut du genre, c'est-à-dire la fadeur, écueil trop fréquent de la pastorale. Toutefois, dans l'ouvrage qui m'occupe, la simplicité inhérente à la couleur du sujet n'exclut pas l'accent dramatique lorsque la situation le comporte. On connaît le duo : *Colin, quel est mon crime?* et la mélodie si populaire : *Ma barque légère.*

La *Fausse magie*, opéra-comique en deux actes et en vers, représenté aux Italiens le 1er février 1775, est une des plus mauvaises pièces de Marmontel. Cet ouvrage s'est sauvé par la partition, où l'on admire le trio : *Vous aurez affaire à moi;* le duo : *Il vous souvient de cette fête*, et le duo syllabique des vieillards : *Quoi! c'est vous qu'elle préfère!* J.-J. Rousseau, assistant à une représentation de la *Fausse magie*, en fut s satisfait, qu'il voulut faire connaissance avec le compositeur. Instruit de ce désir, Grétry vole dans la loge du philosophe qui l'accueille par les plus vives félicitations, et lui demande la permission de cultiver son amitié. A la fin du spectacle, tous deux sortent ensemble. L'artiste s'applaudissait déjà d'avoir fait la conquête d'un écrivain dont il prisait très haut le talent, quand un fatal incident vint tout gâter. Il s'agissait de traverser une rue obstruée par des pavés. Ignorant jusqu'à quel point de susceptibilité jalouse son nouvel ami poussait l'amour de l'indépendance, Grétry lui offre le bras pour l'aider dans sa marche. Rousseau repousse avec aigreur le secours qu'on lui propose. « Laissez-moi me servir de mes propres forces, » répond-il, et il tourne le dos à son nouvel ami tout déconcerté. L'auteur de la *Fausse magie* ne revit jamais ce misanthrope, que sans le savoir il venait d'offenser gravement.

L'*Amant jaloux* (23 décembre 1778), les *Évènements imprévus* (13 novembre 1779) et les *Mœurs antiques* ou *Aucassin et Nicolette* (3 janvier 1780) soutinrent, sans la porter plus haut, la réputation de Grétry.

La *Caravane du Caire*, opéra en trois actes donné à l'Académie royale de musique le 30 octobre 1783, a été longtemps citée pour son ouverture et pour l'air de basse du pacha : *C'est en vain qu'Almaïde encore à mes yeux offre ses attraits.* Mais il n'y faudrait pas chercher cette couleur locale que M. Félicien David a su répandre sur les sujets orientaux; on ne pourrait rien trouver d'approchant dans la musique de Grétry. Le compositeur donna l'année suivante (18 mars 1784) *Théodore et Paulin*, comédie lyrique en trois actes qui ne réussit pas, mais dont il tira la matière d'un de ses ouvrages les plus remarquables. Le sujet de l'*Épreuve villageoise* (24 juin 1784) n'est en effet qu'un épisode de la pièce tombée trois mois auparavant. Dans aucune de ses productions, Grétry n'a fait preuve d'un goût plus fin. n'a gardé une mesure plus parfaite et n'a trouvé une mélodie plus expressive. Chose à noter aussi, la partition est exempte de ces gaucheries vocales et de ces défaillances dans les accompagnements, si fréquentes ailleurs. L'ouverture est vive et gracieuse. Les couplets : *Bon Dieu ! bon Dieu ! comme à c'te fête*, ont été chantés, dansés pendant vingt ans. L'air : *Adieu Marton, adieu Lisette*, a du caractère ; enfin le quatuor : *Il a déchiré vot' billet*, est la plus jolie fuguette de Grétry.

L'année 1785 marque le point culminant dans la carrière dramatique du maître ; c'est l'année de la représentation de *Richard Cœur-de-Lion*. Ce fut un événement musical ; le mot n'est pas trop fort, appliqué à un ouvrage qui eut une vogue extraordinaire et qui, au bout d'un siècle, s'entend encore avec plaisir. Je suis pourtant obligé de rabattre quelque chose des éloges naïfs octroyés par le compositeur à sa musique. Ses prétentions à l'archaïsme font sourire. Il s'imaginait de bonne foi être assez maître de son style pour en graduer l'expression suivant les temps, les âges, les caractères et même la condition et le degré de culture intellectuelle des personnages. Ai-je besoin de le dire ? ce ne sont point ces mérites imaginaires qui ont fait le succès de *Richard*, mais bien les qualités toutes françaises qui éclatent dans la partition. Il n'y a qu'une voix pour louer la fraîcheur et la grâce des couplets d'Antonio : *La danse n'est pas ce que j'aime ;* la noblesse de l'air : *O Richard, ô mon roi !* la finesse de la chansonnette de Blondel : *Un bandeau couvre ses yeux*, avec le délicieux ensemble à contre-temps qui suit ; la rondeur gauloise des couplets : *Que le sultan Saladin*. Le grand air du second acte chanté par Richard : *Si l'univers entier m'oublie*, commence par une phrase d'un magnifique mouvement que le compositeur n'a pas su conduire jusqu'à la fin. Il est fâcheux que l'exclamation : *O mort !* soit sourde et bizarre, tombant sur un *la* bémol grave en dehors du registre vocal. J'arrive au thème capital de l'ouvrage, au célèbre duo entre Richard et

Blondel : *Une fièvre brûlante*, qui a toujours produit un grand effet au théâtre. Grétry en a employé la phrase principale jusqu'à neuf fois dans les trois actes, avec diverses combinaisons. Le chœur qui termine le second acte : *Sais-tu, connais-tu ?* a du mouvement et du caractère. La scène quatrième du troisième acte offre un ensemble remarquable, et l'émotion s'empare des spectateurs lorsque Blondel chante cette belle phrase : *Sa voix a pénétré mon âme, je la connais, oui, oui, madame.* N'oublions pas la ronde longtemps si populaire de la noce : *Eh ! Zic et zoc, quand les bœufs vont deux à deux...,* etc.

Richard Cœur-de-Lion avait été représenté à la Comédie-Italienne le 25 octobre 1785. Ce fut le couronnement, sinon le terme de la vie artistique de Grétry. Les nombreux ouvrages qu'il écrivit à la suite de ce chef-d'œuvre sont inférieurs à la renommée qu'il s'était acquise.

Lorsque Chérubini et Méhul introduisirent dans la composition une harmonie plus savante et une instrumentation plus forte, Grétry essaya d'accorder son léger chàlumeau au ton de la fanfare nouvelle. De cet effort naquirent *Pierre le Grand, Lisbeth, Guillaume Tell* et *Elisca*, productions qui font regretter les beautés de *Zémire et Azor*, sans nous donner celles de *Lodoïska* et de *Joseph*. Le même besoin de courtiser l'opinion du jour porta Grétry à enrichir le répertoire révolutionnaire, bien que précédemment il eût reçu de Louis XVI une pension de mille écus. Il est vrai que l'ingratitude servit mal son talent : ni *Denys le Tyran* ni *Callias* (1794) n'ajoutèrent rien à la réputation de leur auteur, encore moins l'hymne pour la plantation des arbres de la liberté, exécuté le 2 pluviôse sur des paroles de Maherault ; ce n'est qu'un air assez guilleret d'opéra-comique. *Delphis et Mopsa*, le dernier opéra du compositeur liégeois, fut représenté sans succès le 25 février 1803.

Outre plusieurs partitions qui n'ont jamais vu le jour, ce musicien a écrit divers livres, dont le plus important est intitulé : *Mémoires ou Essais sur la musique.* Cet ouvrage forme trois volumes : les deux derniers ont été réédités en 1797, aux frais de l'Imprimerie Nationale. La naïve suffisance qui faisait le fond du caractère de Grétry s'étale d'un bout à l'autre de ces pages, où il n'est jamais question que de lui et de sa musique.

Il n'était déjà plus le compositeur en vogue quand survinrent les évènements de 1789, qui le ruinèrent en amenant la suppression de sa pension. Ce désastre ne fut toutefois que momentané. *Zémire et Azor,* l'*Épreuve villageoise* et *Richard* n'attendaient pour faire de nouvelles recettes qu'une digne interprétation. Elleviou parut, et Grétry, secondé par le talent du chanteur, captiva encore une fois l'oreille du public. Avec la vogue, la fortune lui revint. Une pension de 4000 francs que lui accorda Bonaparte lui rendit l'aisance. Après avoir acheté à Montmorency la propriété de l'Ermitage, ancienne demeure de J.-J. Rousseau, il comptait y finir tranquillement sa vie. La mort d'un de ses voisins, assassiné le 30 août 1811, changea ses résolutions. Craignant le même sort, il revint à Paris. Ce ne fut pas toutefois pour longtemps. Lorsqu'il sentit ses forces s'affaiblir, voulant expirer dans sa chère retraite, il se fit ramener à l'Ermitage, où il mourut le 24 septembre 1813. On célébra magnifiquement ses funérailles.

Quoiqu'il ait montré un peu trop de complaisance à l'égard de lui-même, Grétry possédait des qualités morales qui ajoutent un surcroît de regrets à la perte des grands artistes.

Méhul prononça son éloge. En 1828, la ville de Liège réclama et obtint le cœur de celui qui fut un de ses plus glorieux enfants.

MOZART

NÉ EN 1756, MORT EN 1791

Jean-Chrysostôme-Wolfgang-Théophile Mozart naquit à Salzbourg, le 27 janvier 1756. Son père, Léopold Mozart, remplissait les fonctions de second maître de chapelle à la cour du
prince-archevêque de cette ville. Jamais enfant ne montra pour
la musique de dispositions plus précoces. Il était à peine âgé
de trois ans, lorsque les leçons données à sa sœur aînée,
Marie-Anne Mozart, attirèrent son attention vers le clavecin. Il mettait son bonheur à chercher des tierces sur le
piano, et rien n'égalait sa joie lorsqu'il avait trouvé cet harmonieux accord. A quatre ans, non seulement il était déjà un
petit virtuose plein de goût, mais il prenait plaisir à composer
lui-même des menuets qui nous ont été conservés par les
soins de M. de Nissen, son biographe. Ce que la nature avait
si heureusement commencé, l'éducation l'acheva. Léopold
Mozart, artiste distingué, auquel on doit une bonne méthode
de violon et qui possédait à fond la connaissance de la musique d'église, joignait à la science et au talent qui devaient
le mettre en état de remplir ses obligations paternelles, le
sentiment profond de la mission dont la Providence semblait
l'avoir chargé en lui donnant un tel fils. Frappé des merveil-
leuses aptitudes du jeune Wolfgang, il crut voir les gestes de
Dieu dans les prodiges de cette riche organisation, et ce fut

dès lors avec une sorte de pieux respect qu'il s'appliqua à en cultiver les heureux dons. On se rappelle le père d'Origène baisant la poitrine du futur Père de l'Église, quand on lit ces lignes du maître de chapelle : « Je puis affirmer que Dieu fait chaque jour de nouveaux miracles dans cet enfant, » et ailleurs, lorsqu'il se défend de faire inoculer son fils : « Il s'agira de voir si Dieu, qui a mis dans ce monde cette merveille de la nature l'y veut conserver ou l'en retirer. » Quoique son emploi à la cour archiépiscopale ne lui rapportât qu'un modique traitement, le pauvre musicien de Salzbourg renonça à l'enseignement, afin de se consacrer sans partage et tout entier à l'instruction de ses enfants. Soins dignement récompensés! Marie-Anne devint une excellente musicienne, et son frère ce que le monde sait : le divin Mozart.

C'était un esprit singulièrement actif, se livrant à l'étude avec l'entraînement qu'à cet âge on apporte généralement au jeu. Il s'engoua des mathématiques, lorsqu'il en eut appris les premiers éléments, au point de couvrir de chiffres les tables, les chaises, les murs et jusqu'au plancher de sa chambre. Ce n'est pas l'unique exemple que nous rencontrions de la passion du calcul chez un maître de l'art. C'est après avoir groupé bien des chiffres que le grand Rameau a découvert le principe générateur de l'harmonie moderne, c'est-à-dire la loi du son fondamental. C'est aussi grâce à son aptitude pour le calcul que Philidor, le compositeur correct, est devenu le plus habile joueur d'échecs de son temps. Mozart cependant revint bientôt à l'objet qui avait eu tout d'abord sa prédilection. Les difficultés n'existaient pas pour lui. Son père le surprit un pour écrivant un concerto pour le clavecin et il resta frappé d'étonnement en reconnaissant que cette composition était parfaitement conforme aux règles, quoique d'ailleurs impossible à jouer.

A la différence de tant de petits prodiges dont l'orgueil étouffe toutes les bonnes qualités naturelles, cet enfant pré-

MOZART

destiné avait l'âme la plus aimable et la plus tendre. « M'aimez-vous bien ? » avait-il l'habitude de demander aux personnes avec qui il se trouvait, et si une réponse affirmative se faisait attendre, ses yeux se mouillaient de larmes. Comment n'eût-il pas été bon fils et mari affectueux celui qui faisait ainsi éclater en toute occasion son exquise sensibilité? Aussi Mozart ne fut-il pas moins recommandable par les vertus privées qui font l'honnête homme que par le génie qui fait le grand artiste. La suite de ce récit le prouvera suffisamment.

En 1762, Léopold Mozart, désireux de faire partager à d'autres l'enthousiasme que lui inspirait son fils, se rendit avec ses enfants à Munich et à Vienne. Ce voyage fut une ovation pour le virtuose de six ans, qui se faisait pardonner sa supériorité à force de grâce et de gentillesse. L'empereur François Ier, après avoir admiré son jeu vif et brillant, lui demanda, par manière de plaisanterie, de jouer avec un seul doigt et sur un clavecin caché; on avait étendu un linge sur les touches. L'enfant le prit au mot et se tira de cet exercice difficile, comme de la chose la plus aisée. Cependant c'était en présence des connaisseurs qu'il se plaisait surtout à faire preuve des talents que le ciel lui avait départis.

L'orgueilleuse maison de Habsbourg s'humanisait avec ce sublime *bambino*. Revêtu d'un costume lilas brodé d'or, qui avait été commandé pour le petit archiduc Maximilien, il faisait les délices de Marie-Thérèse et de ses filles.

La sensibilité, l'âme aimante de Mozart qui apparaissent dans les *andante* de ses sonates et de ses symphonies aussi bien que dans ses airs d'opéra constituaient sa nature même. Dès l'âge le plus tendre, on surprend de petits détails qui révèlent cette organisation nerveuse et tendre. Pendant le premier voyage qu'il fit à Vienne, — il avait alors sept ans, — deux des archiduchesses promenèrent cet enfant dans le palais à travers les galeries cirées et luisantes comme des glaces. Mozart glissa sur le parquet, l'une des archiduchesses ne s'occupa pas de lui; mais l'autre, c'était la future reine de France, Marie-Antoinette, le releva et lui prodigua des caresses pour le remettre de sa chute. L'enfant lui dit : « Vous êtes bonne, je veux vous épouser. » L'impératrice, informée de ce petit incident, demanda à Mozart comment cette idée lui était venue : « Par reconnaissance, répondit-il; celle-ci a été bonne pour moi; mais sa sœur ne s'est inquiétée de rien. »

Apprendre, c'est se souvenir, a dit Platon. Si quelque chose peut donner créance à cette singulière théorie, c'est de voir comment Mozart apprit spontanément le violon, sans qu'il eût reçu de leçons et bien que ses seuls exercices se fussent bornés à jouer pour son plaisir d'un petit instrument que son père lui avait acheté à Vienne. Un jour, il prétendit doubler la seconde partie dans un trio que Léopold Mozart se préparait à exécuter avec deux de ses collègues, Wenzel et Schachtner. Cette demande étrange de la part d'un enfant de sept ans qui n'avait fait aucune étude du violon fut d'abord rejetée; mais, voyant son fils tout en larmes, le père consentit enfin à le laisser jouer près de Schachtner, à condition qu'on ne l'entendrait pas. Mais quel ne fut point l'étonnement des trois virtuoses, lorsqu'ils s'aperçurent que le petit Wolfgang attaquait sa partie et la suivait avec la sûreté et l'exactitude d'un violoniste consommé.

Un tel prodige ne pouvait rester renfermé dans les limites de l'Allemagne; il fallait le montrer aux peuples étrangers, afin de révéler l'œuvre de la Providence. Ainsi pensa le père de Mozart dans la simplicité de sa foi et dans l'exaltation de son bonheur paternel. Il entreprit donc avec ses deux enfants un nouveau voyage au mois de juillet 1763. Rien en tout ceci qui ressemble à la spéculation ambulante de tels et tels musiciens, entrepreneurs des succès de leurs enfants. Ce n'est point ici un homme qui veut tirer de l'argent à toute force de l'exhibition d'un talent précoce, c'est un musicien de savoir et de goût qui admire naïvement le phénomène musical qu'il a plu au ciel de faire naître dans sa famille. Respectons un sentiment respectable, et ne nous hâtons pas de le confondre avec ces vues intéressées et mercantiles dont tant d'autres nous ont depuis offert des exemples.

La guerre de Sept Ans finissait, et les populations germaniques, libres de préoccupations belliqueuses, s'abandonnaient de nouveau à leur goût séculaire pour les délassements artistiques. Munich, Augsbourg, Manheim, Mayence, Francfort, Coblentz, Cologne et Aix-la-Chapelle fêtèrent tour à tour leurs hôtes de passage. De ville en ville et de concerts en concerts, les voyageurs arrivèrent à Bruxelles, plus riches, il est vrai, de cadeaux que d'espèces sonnantes. Voici en effet ce qu'écrit Léopold Mozart à la date du 17 octobre : « Nous avons de quoi monter une vraie boutique d'épées, de dentelles, de mantilles, de tabatières, d'étuis ; nous avons laissé une grande boîte à Salzbourg, renfermant tous nos joyaux et nos trésors. Mais quant à l'argent, il est rare, et je suis positivement pauvre. »

Le bon Salzbourgeois fut assez scandalisé de ce qu'il vit à Paris, où il arriva au mois de novembre 1763. Le tableau qu'il trace de la cour et de la ville est assez curieux pour que nous en reproduisions quelques traits :

« Les femmes sont-elles en effet belles à Paris? Impossible de vous le dire, car elles sont peintes comme des poupées de Nuremberg, et tellement défigurées par ces dégoûtants artifices, qu'une femme naturellement belle serait méconnaissable aux yeux d'un honnête Allemand. On a de là peine à discerner ici la maîtresse de la maison ; chacun vit à sa guise, et, sans une miséricorde toute spéciale de Dieu, il en arrivera du royaume de France comme autrefois de l'empire des Perses.

» Si la reconnaissance égale le plaisir que mes enfants ont procuré à la cour, les résultats devront être fort satisfaisants. On n'a pas la coutume, en France, de baiser les mains des membres de la famille royale, de leur parler ou de leur remettre des pétitions *au passage*, comme on dit ici ; car, lorsqu'ils vont de leurs appartements et des galeries à l'église, on se tient droit et sans bouger, et dans cette posture on a toute liberté de les regarder lorsqu'ils défilent tout près de vous. D'après cela vous pouvez facilement vous figurer l'étonnement de tout le monde, lorsqu'on voit les filles du roi s'arrêter dans les passages officiels dès qu'elles aperçoivent mes enfants, s'en approcher, les caresser et s'en faire embrasser mille et mille fois. Il en est de même de madame la Dauphine. Ce qui a paru le plus extraordinaire à messieurs les Français, c'est que, au *grand couvert* qui eut lieu dans la nuit du nouvel an, non seulement on nous fit place à tous près de la table royale, mais monseigneur *Wolfgangus* dut se tenir tout le temps près de la reine, lui parla constamment, lui baisa souvent les mains et mangea à côté d'elle les mets qu'elle daignait lui faire servir. La reine parle aussi bien l'allemand que nous. Comme le roi n'en comprend pas un mot, la reine lui traduisait tout ce que disait notre héroïque Wolfgang. Je me tenais près de lui. De l'autre côté du roi où étaient assis M. le Dauphin et Madame Adélaïde, se tenaient ma femme et ma fille.

» Nous avons en quinze jours dépensé à Versailles environ douze louis. Peut-être trouverez-vous que c'est trop et ne le comprendrez-vous pas? Mais à Versailles il n'y a ni *carrosses de remise ni fiacres* : il n'y a que des chaises à porteurs. Chaque course coûte douze sous; et comme bien souvent nous avons eu besoin sinon de trois, au moins de deux chaises, nos transports nous ont coûté un *thaler* par jour, et plus, car il fait toujours mauvais temps. Ajoutez à cela quatre habits noirs tout neufs, et vous ne serez plus étonnée que notre voyage de Versailles nous revienne à vingt-six ou vingt-sept louis. Nous verrons quel dédommagement nous en reviendra de la cour. Sauf ce que nous avons à espérer de ce côté, Versailles ne nous a rapporté que douze louis argent comptant.

» En outre madame la comtesse de Tessé a donné à maître Wolfgang une tabatière en or, une montre en argent, précieuse par sa petitesse, et à Nanerl ma fille un étui à cure-dents en or, fort beau. Wolfgang a encore reçu, d'une autre dame, un petit bureau de voyage en argent, et Nanerl une petite tabatière d'écaille, incrustée d'or, d'une extrême délicatesse, puis une bague avec un camée, et une foule de bagatelles que je compte pour rien, comme des nœuds d'épées, des manchettes, des fleurs pour des bonnets, des mouchoirs. Dans quatre semaines, j'espère vous donner quelques nouvelles plus solides de ces fameux louis d'or dont il faut faire une plus grande consommation à Paris qu'à Maxglau[1] pour se faire connaître. Du reste, et quoiqu'on voie partout ici, sans lunettes, les déplorables fruits de la dernière guerre, les Français continuent à né rien retrancher de leur luxe et de leur somptuosité; aussi n'y a-t-il de riches que les fermiers. Les seigneurs sont criblés de dettes. Les plus grandes fortunes se trouvent à peu près entre les mains de cent personnes, dont quelques gros banquiers et *fermiers-généraux*, et presque tout l'argent se dépense pour des Lucrèces qui ne se poignardent pas. »

La famille Mozart avait eu pour introducteur dans la haute société parisienne le célèbre baron de Grimm, dont on connaît la spirituelle correspondance. Ce bel esprit s'honora par la protection qu'il accorda à des compatriotes peu au fait des usages et des mœurs de Paris. Il leur rendit toutes sortes de bons offices, celui entre autres de composer les épîtres dédicatoires des deux œuvres de sonates que le jeune Wolfgang écrivit en France et qui furent dédiées l'une à madame Victoire, l'autre à la comtesse de Tessé.

Léopold Mozart et sa famille partirent ensuite pour Londres, et reçurent des Anglais le même accueil qui leur avait été fait de l'autre côté du détroit. C'était un sujet d'étonnement sans pareil pour la cour de Saint-James, que de voir un enfant de huit ans à peine exécuter, sur l'orgue, à première vue, des

1. Petit village près de Salzbourg.

morceaux de Bach, d'Abel et de Haendel. Le roi Georges III, témoin de ces merveilles, en marqua sa satisfaction par un don de vingt-quatre guinées. Indépendamment des bienfaits royaux, il y avait aussi les concerts publics qui fournissaient quelques ressources. Ce fut pendant son séjour en Angleterre que Mozart écrivit son troisième œuvre, composé de six sonates de clavecin, qu'il dédia à la reine. Il n'aurait peut-être pas été difficile à l'honnête maître de chapelle de tirer parti, au profit de sa fortune, du dilettantisme britannique; mais, craignant pour l'âme de ses enfants, il ne voulut point se fixer dans un pays hérétique, et poursuivit le cours de ses pérégrinations. En Hollande, où le succès ne cessa d'accompagner nos pèlerins de l'art, une grave maladie mit en péril les jours de Wolfgang et de sa sœur. La foi du chrétien, qui n'est jamais absente de la correspondance de Léopold Mozart éclate ici dans toute sa pureté. Il fait dire des messes pour obtenir le rétablissement des deux santés qui lui sont chères. Enfin le danger est conjuré et les jeunes virtuoses sont rendus à l'admiration du public.

Après être restés pendant trois ans éloignés de leur patrie, les voyageurs revinrent à Salzbourg par Paris, Lyon, la Suisse et Munich. Ce laps de temps considérable, durant lequel Mozart s'était fait entendre en France, en Angleterre, en Hollande, n'avait pas été perdu pour son instruction. De retour au logis, il se remit à l'étude de la composition, sous la direction de son père. Il se pénétrait en même temps des beautés de Haendel et de Charles-Emmanuel Bach, auxquels il ajoutait quelques anciens maîtres italiens de la fin du dix-septième siècle et du commencement du dix-huitième. De cette époque datent ses premiers essais de musique vocale.

Léopold Mozart, qui s'était rendu à Vienne au mois de septembre 1767 avec toute sa famille, y arriva malheureusement au moment où la petite vérole sévissait et venait d'atteindre l'archiduchesse Josépha, qui en mourut. Le père, inquiet pour ses enfants, se réfugia à Olmütz en Moravie, mais le fléau l'y suivit. Bientôt Wolfgang tomba dangereusement malade. Le pauvre Léopold, en pays étranger, se trouvait dans une situation bien critique. Le comte Podstatsky, doyen de la cathédrale, exigea que les deux artistes vinssent loger chez lui, disant qu'il ne craignait en aucune façon la petite vérole ; il donna des ordres à son maître d'hôtel et fit venir son médecin. Grâce à cette intervention charitable, Wolfgang surmonta l'épreuve de la maladie, et son père dans une lettre datée d'Olmütz le 10 novembre 1767, exprime les sentiments de reconnaissance que lui inspire la conduite du digne chanoine. Après le rétablissement de l'enfant, la famille revint à Vienne et Mozart put enfin être présenté à l'empereur Joseph II et à l'impératrice qui prirent, un plaisir infini à l'entendre. Sur le désir exprimé par le monarque de lui voir composer un opéra, Wolfgang écrivit une partition dont le sujet était la *Finta semplice*. Cet ouvrage était destiné à la troupe italienne de l'impresario Affligio qui, avait promis de le payer 100 ducats. Mais les compositeurs viennois ne pouvaient souffrir qu'un enfant de douze ans leur disputât les palmes de la scène. Une cabale à laquelle il est fort probable que Gluck est resté étranger, puisque les auteurs qui ont voulu le mettre en cause sont en contradiction avec le témoignage même de Léopold Mozart, une cabale donc s'organisa pour empêcher la représentation de la *Finta semplice*. On affecta d'abord de soutenir que cette musique était l'œuvre de Léopold Mozart lui-même et non de son fils ; puis ce furent les chanteurs qui prétendirent que leurs airs ne pouvaient se chanter. Le directeur Affligio, circonvenu par les ennemis du jeune artiste, traînait les choses en longueur pour se dispenser de remplir ses engagements. A bout d'arguments dilatoires, il finit par déclarer qu'il s'arrangerait de manière à faire siffler l'opéra, si on le forçait à le monter. Cette réponse anéantit le dernier espoir que Mozart et son père pouvaient conserver. Ils avaient gravement compromis leur situation pécuniaire par un séjour de quatorze mois à Vienne, et tous leurs efforts n'avaient abouti à aucun résultat. Au mois de décembre de la même année (1768), Wolfgang se dédommagea de cette tentative avortée en faisant exécuter une messe de sa composition en présence de la cour, dans l'église de l'orphelinat du P. Parhammer. A cette année appartient aussi le petit opéra de *Bastien et Bastienne*, qu'il fit jouer à la maison de campagne du docteur Mesmer.

Mozart passa l'année 1769 à étudier la langue italienne, et au mois de décembre il entreprit avec son père un voyage dans la Péninsule. A Vérone et à Mantoue, il donna des concerts, où il étonna le public par de véritables tours de force d'improvisation ; à Milan, il obtint un engagement pour écrire l'opéra qui serait joué au carnaval de 1771 ; à Bologne, il s'attira les plus vives félicitations du célèbre P. Martini, directeur du Conservatoire de cette ville. A son passage à Rome se rapporte l'anecdote sur le *Miserere* d'Allegri que Mozart entendit à la chapelle Sixtine et qu'il écrivit au fond de son chapeau pendant l'exécution, éludant ainsi les défenses ecclésiastiques. A Naples, terme de son voyage, on offrit au jeune maestro de composer un opéra pour le théâtre de San Carlo : ce qu'il ne put accepter, à cause de son contrat avec l'impresario de Milan. Bref, d'étape en étape, les applaudissements et les éloges prodigués au *Dolce cigno* de Salzbourg le vengaient des chagrins que lui avait fait essuyer l'injustice des Viennois.

Le retour fut un triomphe. En repassant à Rome, Mozart reçut du Saint-Père la décoration de l'Éperon d'or qui lui conférait le titre de chevalier (*cavalliere*) et qui venait d'être donnée à Gluck. A Bologne, il fut nommé membre de l'Académie philharmonique, après avoir subi victorieusement l'épreuve qui consistait à arranger à quatre voix une antienne tirée de l'Antiphonaire. Ce qui est surprenant, c'est qu'au milieu des distinctions et des honneurs que lui attirait son génie précoce, cet enfant privilégié était resté un enfant. Lorsque l'inspiration l'avait enlevé au ciel, il redescendait sur la terre pour prendre sa part des amusements de son âge. « Mon unique récréation, écrit-il, consiste dans les cabrioles que je me permets de temps à autre. » Dans la plupart de ses lettres, surtout de celles qu'il écrivit à sa sœur, à côté des détails dans lesquels il se complaît sur ses travaux, on retrouve des enfantillages charmants, d'innocentes plaisanteries qui montrent la candeur de son âme. Heureuse nature, exempte jusqu'à la fin de pédantisme et d'orgueil !

Revenu à Milan, vers la fin du mois d'octobre 1770, il y écrivit son *Mithridate*, qui fut joué avec un grand succès le 26 décembre de la même année. Cet ouvrage obtint vingt-deux représentations consécutives. Les partitions se succédaient sous la plume de l'infatigable musicien sans amener de changement dans sa position toujours incertaine et précaire. Vainement, à son retour d'Italie, il s'était flatté d'obtenir du prince-archevêque de Salzbourg la place de maître de chapelle ; il ne fut pas plus heureux auprès de l'électeur de Bavière auquel il ne demandait qu'un traitement de cinq cents florins (environ 1050 francs) pour écrire quatre opéras par an et figurer chaque jour dans les concerts de la cour. Ces prétentions étaient assurément bien modestes de la part d'un artiste qui avait produit quatre opéras, un oratorio, deux messes solennelles, deux cantates et un nombre considérable de pièces instrumentales à l'âge où les autres compositeurs sont encore sur les bancs de l'école. Néanmoins, par une de ces aberrations dont l'histoire offre de fréquents exemples, le prince refusa d'accueillir l'homme de génie qui lui proposait ses services à un prix si modéré. Les mêmes déconvenues attendaient l'auteur de *Mithridate* à Augsbourg et à Manheim, où il se rendit après avoir quitté Munich plus pauvre qu'il n'était en arrivant. Tant de contrariétés décidèrent Mozart à s'expatrier une fois encore et ce fut vers Paris qu'il dirigea ses pas, accompagné de sa mère, car Léopold Mozart était retenu à Salzbourg par les devoirs de sa charge.

A mesure qu'on avance dans la biographie du plus grand des musiciens du dix-huitième siècle, on est aussi affligé que surpris des obstacles qui lui barrent la route, des difficultés qu'il éprouve à se faire connaître, des efforts infructueux dans lesquels il se consume. Parmi tous ces financiers qui sont maintenant les vrais détenteurs de la fortune de la France, ne s'en trouvera-t-il donc plus un, comme il y en avait naguère, qui ait le bon esprit de se faire pardonner son opulence en facilitant la voie à un grand homme? Il n'y faut pas compter : le goût subit chez nous un temps d'arrêt, et il n'y a point en France de connaisseurs capables d'apprécier ce que l'Allemagne elle-même n'admire pas assez. Arrivé à Paris le 23 mars 1778, Mozart dut se borner à arranger pour le concert spirituel dirigé par Legros un *Miserere* de Holzbauer, qui n'eut point de succès. Ce travail ingrat, joint au produit de quelques leçons, le fit vivre pendant quelques mois. Il végétait obscurément au milieu des tristesses et des déceptions que chaque jour lui apportait, quand un affreux malheur le frappa : ce fut la mort de sa mère, à laquelle il portait l'attachement le plus tendre (3 juillet 1778). Après lui avoir rendu les derniers devoirs, Wolfgang abandonna Paris, dont le séjour lui était devenu insupportable, et revint à Salzbourg, où la nécessité le força d'accepter la place d'organiste de la cour en 1779. Cette carrière, si brillante à ses débuts, menaçait de s'achever obscurément dans des fonctions voisines de la domesticité.

Mais il était dit que l'inaltérable confiance de Léopold Mozart dans l'avenir musical de son fils serait justifiée par l'événement. Quoique tardive, la réparation arriva enfin. Au mois de novembre 1780, l'humble organiste de Salzbourg se vit appelé à Munich par le prince électoral de Bavière, Charles-Théodore, pour y composer l'opéra d'*Idoménée*, sur un livret italien de l'abbé Varesco. Le 29 janvier 1781, l'ouvrage fut représenté et souleva l'enthousiasme du public par les beautés nouvelles dont il était rempli. On n'avait encore rien entendu de semblable à l'air : *Padre, germani,* à celui d'*Ilia,* non plus qu'aux chœurs : *Pietà, numi!* et *Corriamo, fuggiamo.* A partir de ce moment Mozart, prenait possession de la célébrité et ne devait plus être surpassé que par lui-même.

L'archevêque de Salzbourg, prélat d'une faible portée d'esprit et très vaniteux, n'était pas fâché de faire savoir à tout le monde que le compositeur en vogue était à son service. Il vint à Vienne, et se fit suivre de son organiste, qu'il logea dans son hôtel, mais en le traitant sur le pied d'un valet. L'auteur applaudi d'*Idoménée* était réduit à manger à l'office avec les domestiques, et ses intérêts pécuniaires souffraient autant que sa fierté, car son maître ne lui permettait point de se faire entendre dans les concerts qui eussent pu lui rapporter de l'argent. « Sa Grandeur, écrit-il à son père, ne veut pas que ses gens fassent des profits. Il ne doit y avoir que perte pour eux! » Craignant de compromettre la position de son père, Mozart se résignait à un emploi où sa dignité était sans cesse blessée. Un jour pourtant, poussé à bout, il osa se plaindre et ne reçut d'autre réponse que ces mots impertinents : «Décampez d'ici, si vous ne voulez pas mieux servir. » L'artiste se le tint pour dit et donna sa démission.

Il fallait vivre. L'enseignement ne procurait que des ressources fort restreintes, et d'ailleurs le jeune musicien n'avait-il pas écrit dès 1778 ces lignes qui trahissent une légitime confiance dans son génie : « Je suis compositeur : je suis né pour être maître de chapelle, et je ne puis, ce qui arriverait certainement si je m'occupais beaucoup d'élèves, je ne puis enterrer le talent de compositeur que Dieu m'a si libéralement départi. » Ce fut donc vers le théâtre qu'il porta ses vues. Mais l'empereur Joseph II, qui n'aimait que la musique italienne, était peu disposé à encourager les efforts tentés par les Allemands. A la suite de bien des démarches inutiles, Mozart se vit enfin accorder, par l'entremise du prince de Cobentzel et de la comtesse de Thun, l'autorisation d'écrire pour la Cour impériale. Le sujet était *l'Enlèvement au sérail* (Die Entführung aus dem Serail). Bretzner avait fait sous ce titre une pièce dont Stephani tira un assez médiocre livret. Sur une donnée puérile et invraisemblable, Mozart a composé celle de ses partitions qui a joui en Allemagne de la plus longue vogue. Néanmoins cet ouvrage, joué à Vienne le 12 juillet 1782, fut froidement accueilli dans sa nouveauté. Il ne rapporta que cinquante ducats au compositeur. Le monarque dit même au maître après la représentation : « Cela est trop savant pour nos oreilles ; je trouve qu'il y a là dedans trop de notes. » A quoi Mozart aurait répondu : « Sire, il y a autant de notes qu'il en faut. »

Pendant son séjour momentané à Manheim, Mozart avait distingué une jeune et jolie cantatrice nommée Aloysia Weber, dont le souvenir était resté ineffaçable dans son âme. A son retour de Paris, il vint à Munich, où se trouvait alors la jeune fille, avec l'intention de la demander en mariage. Mais le résultat fut contraire à son attente. Dans ce jeune homme maigre, au long nez, aux gros yeux, à la tête exiguë, la sémillante virtuose ne sut pas reconnaître l'artiste de génie, et elle toisa son prétendant de façon à lui ôter tout espoir. Le pauvre Mozart reporta ses affections trompées sur Constance Weber, sœur du premier objet de sa passion, et l'épousa le 4 août 1782, trois semaines environ après la représentation de *l'Enlèvement au sérail*. Le mariage eut lieu dans la maison de la baronne de Waldstetten, l'une des protectrices du musicien.

Les considérations pécuniaires n'eurent aucune part à cette union, qui fut l'œuvre de l'amour. Aussi le jeune ménage se vit-il souvent gêné. Mozart n'avait d'autre revenu fixe que le traitement de huit cents florins attaché à sa place de compositeur de la cour. Le roi de Prusse Frédéric-Guillaume II lui offrit de le nommer son maître de chapelle avec trois mille écus d'appointements. Il refusa, pour ne point quitter un prince qui, n'appréciant pas sa musique, le laissait végéter dans un état voisin de la misère. Afin de suffire aux besoins de sa famille, l'auteur d'*Idoménée* et de *l'Enlèvement au Sérail* donnait des leçons de piano, écrivait des contredanses et des valses pour les bals et les redoutes. S'appeler Mozart, et être condamné à perdre dans ces stériles occupations un temps qu'on aurait pu consacrer à produire des chefs-d'œuvre ! Ce qu'il faut admirer, c'est qu'au milieu d'une lutte incessante contre les nécessités de la vie matérielle, le métier ne tue jamais l'art, l'inspiration du maître ne s'affaiblit pas, que dis-je ? il grandit et se fortifie d'année en année. Le *Davidde penitente*, oratorio qui renferme d'éclatantes beautés, parut en 1783. Vinrent ensuite (1784-1785) les six quatuors dédiés à Joseph Haydn. Léopold Mozart, étant venu à Vienne au mois de février 1785, demanda au grand symphoniste de lui dire sincèrement ce qu'il pensait de son fils. « Je vous déclare devant Dieu, et comme un honnête homme, répondit l'auteur de là *Création*, que je tiens votre fils pour le plus grand des compositeurs dont j'aie jamais entendu parler. Il écrit avec goût et possède les connaissances les plus approfondies de la composition. »

En février 1786, on représenta, au palais impérial de Schœnbrunn, l'*Impresario* (*Der Schauspiel Director*), opérette bouffe interprétée par Mlles Cavaglieri et Aloysia Weber, devenue Mme Lange. Le sujet n'est autre qu'une rivalité d'amour-propre entre deux cantatrices, dont l'une s'appelle Hertz (cœur), et l'autre Silberklang (timbre argentin).

L'année 1786 nous montre Mozart arrivé au point culminant de son développement artistique. C'est en cette année qu'il commence par les *Nozze di Figaro* la série trop tôt interrompue de ses immortels chefs-d'œuvre. Salieri, maître de chapelle de Joseph II, comprenant qu'il avait dans le jeune Wolfgang un rival redoutable, avait usé de toute son influence contre lui. Il n'y eut pas de cabale possible en présence de beautés qui s'imposaient si magistralement. Salieri en fut pour sa courte honte. Mozart père écrivait à sa fille, le 18 mai, le billet suivant: « A la seconde représentation des *Nozze di Figaro*, on a répété cinq morceaux, on en a demandé sept à la troisième ; un petit duo a été redemandé trois fois. » Le compositeur a modifié en beaucoup de points le caractère de la donnée fournie par Beaumarchais. La pièce française, éblouissante de verve, d'esprit et de malice, répugnait à être mise en musique, et cela par les qualités mêmes qui ont opéré sa fortune. Rien, en effet, de plus rebelle à l'expression musicale que le sarcasme sans paix ni trêve. L'auteur de l'opéra a heureusement répandu sur les personnages de cette comédie révolutionnaire quelque chose de sa grâce et de sa sensibilité.

Les habitants de Prague s'étaient montrés plus justes appréciateurs du mérite de Mozart que la société viennoise : ce fut aux admirateurs des *Nozze* que le compositeur offrit son ouvrage le plus parfait : *Don Giovanni*, opéra en deux actes, paroles de Lorenzo da Ponte, qui fut représenté le 4 novembre 1787. Jamais un sujet plus heureux n'inspira un génie plus magnifique. L'auteur du livret, Vénitien qui avait connu le monde à travers toutes sortes d'aventures, comme son compatriote Casanova, était l'homme le mieux fait pour comprendre une vie qu'il avait vécue lui-même et pour en donner l'intelligence à l'âme naïve de Mozart. Il prit les éléments de sa pièce en partie dans la comédie de Molière, en partie dans l'original espagnol de Tirso de Molina. Le Don Juan français n'est qu'un roué vulgaire dont il eût été difficile, sinon impossible, de faire une création artistique. Mozart et son collaborateur procédèrent dans cet opéra comme ils avaient fait pour l'œuvre de Beaumarchais, disposant librement du type que leur avait transmis la légende. On ne le regrette point. Quand on songe à ce qu'est devenu entre les mains du grand compositeur le héros passablement prosaïque du *Festin de pierre*, on se demande si jamais la science musicale, mise au service de l'expression dramatique, a rien produit de plus achevé. Les sentiments les plus divers, avec toutes leurs finesses et toutes leurs nuances, sont exprimés dans un langage d'une harmonie incomparable. C'est bien de cet ouvrage qu'on peut dire : Il n'y a qu'un seul beau morceau ; c'est l'opéra tout entier. Ceux de mes lecteurs qui désireraient connaître d'une manière plus approfondie ce chef-d'œuvre de l'art lyrique, en trouveront l'histoire et l'analyse assez complète dans mon *Dictionnaire des Opéras*. Ce que je dois me borner à dire ici, c'est qu'à mes yeux *Don Juan* est l'opéra des opéras anciens, comme *Guillaume Tell* est l'opéra des opéras modernes.

Don Juan obtint un succès d'enthousiasme à Prague ; mais à Vienne une mauvaise interprétation, jointe au mauvais goût du public, le fit échouer, et on lui préféra l'*Axur* de Salieri. Haydn fut presque le seul à en comprendre les beautés. Dans une réunion de soi-disant amateurs qui critiquaient à l'envi la nouvelle œuvre, on lui demanda son opinion. « Tout ce que je sais et puis vous affirmer, répondit-il, c'est que Mozart est le plus grand compositeur de notre époque. »

Le vieux maître de chapelle de Salzbourg ne vécut pas assez pour applaudir la sublime partition de son fils. Il mourut le 28 mai 1787.

Un espace de quatre ans s'écoula entre la mort du père et celle du fils. Quand on songe à ce que le bon Léopold avait été pour son fils depuis sa plus tendre enfance, vigilant et dévoué à ses devoirs paternels d'abord, puis le maître intelligent de cet enfant de génie, son guide, son confident, pourvoyant avec une sollicitude infatigable aux développements de ses facultés physiques, morales, intellectuelles, ne le quittant jamais, veillant à ses récréations, à ses lectures, entretenant dans son cœur un foyer d'affection pour Dieu, pour sa mère, pour sa sœur et pour tout ce qui est beau et bien ; quand on se rappelle cette correspondance incessante entre le père et le fils, ces communications si fréquentes de leurs impressions et de leurs pensées, il semble qu'il régnait entre ces deux âmes une union si parfaite qu'à l'existence du père était attachée celle du fils. Qu'on lise attentivement la lettre suivante :

« Mon très cher père,

» J'apprends au moment même une nouvelle qui m'accable, d'autant plus que, d'après votre lettre, je devais présumer que, Dieu merci, vous vous portiez à merveille. — Vous êtes donc sérieusement malade ? — Ai-je besoin de vous dire avec quelle ardeur j'attends par vous-même des nouvelles rassurantes ! J'espère les recevoir sous peu, quoique en toutes choses je me sois habitué à me représenter toujours le pire. Comme la mort, à la bien considérer, est le vrai but de notre vie, je me suis depuis plusieurs années tellement familiarisé avec ce véritable ami de l'homme, que son image, loin d'être effrayante pour moi, n'a rien que de doux et de consolant ! Je remercie Dieu de m'avoir accordé la grâce de reconnaître la mort comme la clef de notre véritable béatitude. Je ne me mets jamais au lit sans penser que, tout jeune que je suis, je puis ne pas me relever le lendemain ; et cependant aucun de ceux qui me connaissent ne pourra dire que, dans l'habitude de la vie, je sois morose, ou triste ; je rends grâce tous les jours à mon Créateur de ce bonheur, et le souhaite de tout mon cœur à tous les hommes, mes frères.

« J'espère que pendant que j'écris ces lignes, vous vous trouverez mieux. Que si vous deviez aller plus mal, je vous supplie de ne pas me le cacher, de m'écrire ou me faire écrire la vérité entière, afin que je puisse aussi vite que possible être dans vos bras. Je vous en conjure par tout ce qu'il y a de plus sacré. J'attends néanmoins une lettre rassurante, et, dans cette douce espérance je vous baise mille fois les mains, ainsi que ma femme et Charles, et je suis éternellement

Votre WOLFGANG. »

On le voit, à la pensée de la mort prochaine de son père, Mozart envisage sans regret la fin de sa propre carrière et regarde la mort comme la *clef de notre véritable béatitude.*

Quelques mois après, il se remit à ses travaux de composition musicale, mais sa santé était profondément altérée. Déjà il ressentait les premiers symptômes d'une affection de poitrine qui bannissait toute joie de son âme, pour n'y laisser régner que des impressions mélancoliques. Le prisme doré de la jeunesse et du génie s'évanouissait au contact des réalités décevantes de la vie. L'auteur de *Don Giovanni*, toujours sous l'influence de l'inspiration et souvent plié sous le poids du travail, n'était certainement ni libertin, ni dépensier, mais dans les affaires d'intérêt il avait la touchante et incurable inexpérience des belles âmes. Les fréquentes maladies de sa femme et l'entretien d'une nombreuse famille (il avait six enfants) nécessitaient des frais hors de proportion avec sa position de fortune. Aussi le voit-on souvent obligé de recourir à l'emprunt. Les musiciens d'alors tiraient peu de profit de leurs œuvres, et les trois dernières grandes symphonies de Mozart, composées en 1788, lui rapportèrent plus de gloire que d'argent. L'année suivante, outre un grand nombre de pièces instrumentales, il écrivit la partition de *Cosi fan tutte* (C'est ainsi qu'elles font toutes), opéra-bouffe en deux actes qui fut représenté à Vienne avec un brillant succès, le 26 janvier 1790.

Tourmenté par l'idée de sa fin prochaine, idée d'autant plus douloureuse pour lui qu'il craignait de laisser inachevé le monument de son génie, l'infortuné compositeur se livrait sans relâche à un travail qui épuisait ses forces, et dont ni les instances de sa femme, ni les sollicitations de ses amis ne pouvaient le distraire. Il était en proie à ces tristes préoccupations, quand il écrivit, en 1791, la partition de la *Flûte enchantée* (Zauberflöte), à la demande de l'impresario Schikaneder, qui avait besoin d'un succès pour éviter la faillite. Plus touché de la détresse de ce directeur que de ses propres embarras, Mozart livra gratis les deux actes de son opéra, se réservant seulement le droit de vendre ensuite sa partition aux autres théâtres qui voudraient la monter. Joué à Vienne le 30 septembre 1791, le *Zauberflöte* eut cent vingt représentations consécutives ; mais Schikaneder, au mépris de sa promesse, en répandit des copies qui permirent à tous les théâtres de donner cet ouvrage. En apprenant qu'il avait été victime de son désintéressement, le maître se contenta de dire, en parlant de l'impresario : le coquin ! Il était dans sa destinée d'être jusqu'à la fin exploité par les gens avec qui il avait affaire.

La partition du *Zauberflöte* est la plus riche qui soit sortie de la plume du compositeur. En entendant l'orchestration de la *Flûte enchantée*, on est tenté de croire que c'est le dernier mot de la perfection instrumentale.

Une circonstance mystérieuse contribua vers le même temps à fortifier les pressentiments lugubres qui agitaient Mozart. Il reçut la visite d'un étranger vêtu de gris, qui, sans lui dire qui l'avait envoyé, lui demanda de composer une *Messe des morts* moyennant cent ducats payés d'avance. L'ouvrage devait être achevé dans le délai d'un mois. Mais, sur ces entrefaites, l'artiste fut appelé à Prague pour écrire, d'après un livret de Métastase, l'opéra de la *Clemenza di Tito* à la demande des États de Bohème, désireux de fêter le couronnement de l'empereur Léopold II. Au moment où il allait monter en voiture, l'inconnu se présenta et voulut savoir quand le *Requiem* serait terminé. On sut plus tard que ce personnage, qui affectait de s'envelopper de mystère, n'était autre que Leitgeb, valet de chambre du comte Walsegg. Ce seigneur avait perdu sa femme, et la pensée lui était venue de demander à Mozart de composer un *Requiem* pour les funérailles de la comtesse. C'était assez conforme aux usages de cette époque. Rien de moins surnaturel par conséquent. Mais l'auteur de *Don Giovanni* avait, je l'ai dit, l'imagination frappée de la pensée de la mort depuis celle de son père ; il se persuada que l'homme gris était un messager de la destinée, et que c'était pour lui-même qu'il composait son *Requiem*. Pour s'expliquer cette supposition plus que bizarre qui finit par devenir une obsession, il ne faut pas oublier les superstitions régnant à cette époque. Beaucoup de gens, vers la fin du dix-huitième siècle, croyaient à l'intervention des esprits dans le monde sensible. C'était le temps des Rose-croix, des Swedenborgiens, des Théosophes. Mozart s'était laissé enrôler parmi les francs-maçons, ne voyant dans cette société qu'une association de bienfaisance, et l'on sait que la maçonnerie confinait alors à l'illuminisme. Enfin, il était lié avec le célèbre Mesmer, l'inventeur du magnétisme humain. Sous l'influence de cette fantastique direction d'idées, qui était celle d'un grand nombre de ses contemporains, le musicien de génie, épuisé par le travail et la maladie, a pu voir dans l'évènement le plus simple une révélation d'outre-tombe.

La *Clemenza di Tito*, opéra seria en deux actes, représentée à Prague le 6 septembre 1791, ne fut pas accueillie avec le même succès que l'avaient été les *Nozze* et *Don Giovanni*. Habitué par le compositeur à des beautés plus fières, le public ne rendit pas suffisamment justice à tout ce qu'il y avait de charme, de délicatesse et de pureté dans cette suave partition. Mozart en fut affligé, et la vogue de la *Flûte enchantée*, à peu de jours de là, ne put le consoler. Le 15 novembre, sa santé parut s'améliorer, et il profita de ce relâche de la maladie pour écrire une petite cantate (*l'Éloge de l'amitié*), destinée à la loge maçonnique dont il était membre. Croyant ses forces rétablies, il se remit avec ardeur à son *Requiem*, mais, au bout de quelques jours, il dut s'aliter pour ne plus se relever, laissant à son élève Sussmayer la tâche de terminer l'œuvre commencée. Le 5 décembre 1791, le malheureux artiste expira entre les bras de sa femme Constance, de ses enfants et de ses amis, avec la résignation du chrétien. Voulant en donner un exemple aux siens : « Restez, dit-il à sa belle-sœur Sophie Weber, qui s'éloignait en fondant en larmes, je veux que vous me voyiez mourir. » Il n'avait pas encore accompli sa trente-sixième année. Mozart eut de sa femme six enfants dont deux survécurent à leur père, Charles, l'aîné, qui est mort en 1848 à Salzbourg, et Wolfgang. Dix-huit ans après la mort de son mari, Constance Weber épousa en secondes noces un conseiller du roi de Danemark, le chevalier de Nissen, qui s'imposa la tâche de recueillir les papiers de famille, la correspondance du père et du fils, ainsi que tous les documents propres à former une biographie complète du compositeur, laquelle ne fut publiée qu'après sa mort, en 1826. Cet homme honorable devint le protecteur de la famille de Mozart. Madame de Nissen lui survécut et, après avoir donné ses soins à la publication de tout ce qui pouvait honorer la mémoire de son premier mari, elle revint se fixer à Salzbourg, où elle fit ériger un monument en marbre au chevalier comme une sorte d'hommage de sa reconnaissance.

Mozart a été le premier pianiste de son temps ; mais ce mérite, qui suffirait à illustrer un homme ordinaire, disparaît devant l'immense réputation qu'il s'est acquise comme compositeur. Le catalogue de ses productions, s'élevant à plus de huit cents morceaux, comprend tous les genres et, dans tous les genres, Mozart est supérieur. C'est peut-être le seul musicien auquel puisse s'appliquer pareil éloge. Tandis que Beethoven triomphe dans la symphonie, que Rossini excelle dans la musique dramatique, le maître de Salzbourg ne connaît point les spécialités ; qu'il écrive une messe ou un opéra, un oratorio ou un menuet, un quatuor ou une cantate, quoi qu'il fasse, on le retrouve avec tout son génie. Ce sont des modèles de composition idéale qui ont fixé et maintenu jusqu'à ce jour les règles du goût ; semblables à des colonnes, ils soutiennent encore aujourd'hui l'édifice musical, et leur solidité le protégera contre les efforts téméraires de ceux qui veulent en saper les bases.

BEETHOVEN

NÉ EN 1770, MORT EN 1827

La liste est longue des hommes de génie qui ont expié leur illustration par les chagrins et l'amertume de leur vie. Beethoven ne fit pas exception à cette règle assez générale, et, en racontant sa vie, j'aurai plus d'une fois à constater cette vérité d'expérience, que la gloire n'est souvent qu'un deuil éclatant du bonheur.

Le grand artiste naquit à Bonn (Prusse), le 17 décembre 1770. Sa famille était originaire de Maestricht. Ainsi que Mozart, il a eu pour père un musicien. Celui-ci remplissait les fonctions de ténor à la chapelle de l'électeur de Cologne. Son grand-père avait été maître de la chapelle du prince électeur à Bonn. Le premier malheur de Louis van Beethoven fut de ne point rencontrer chez ses parents cette chaleur d'affection qui rend aisés à l'enfant les commencements de l'étude, et dont l'influence bienfaisante se fait encore sentir à l'homme mûr. Quel charmant tableau que celui du jeune Mozart au milieu des siens! Ici la scène change: nous sommes en présence d'un fils naturellement opiniâtre et rebelle à toute direction, dont les défauts seront aggravés par les corrections qu'il reçoit d'un père brutal et adonné à la boisson. Le futur compositeur de tant d'admirables symphonies montrait à l'origine peu de dispositions pour la musique, et les rigueurs paternelles pouvaient seules le forcer à se mettre au piano. On raconte que, tandis qu'il jouait du violon, une araignée se laissait glisser du plafond pour venir l'entendre. La mère de Beethoven, ayant remarqué l'insecte, l'écrasa, et l'enfant en fureur brisa de colère son instrument. Ainsi se révélait, dès l'âge le plus tendre, ce tempérament que Cherubini, plus tard, caractérisait d'un mot, disant du célèbre musicien: « Il est toujours brusque. »

Ses maîtres furent d'abord son père et un certain Pfeiffer, chef d'orchestre. La famille était pauvre et ne pouvait faire les frais d'un maître de piano. Van der Eden, organiste de la cour, s'offrit à donner gratuitement des leçons au jeune Beethoven. Il triompha des répugnances de son élève et lui fit faire de rapides progrès. À douze ans, Beethoven déchiffrait avec une perfection étonnante le *Clavecin bien tempéré* de Jean-Sébastien Bach, et l'on sait combien sont difficiles les fugues et les préludes contenus dans ce recueil. A l'âge de treize ans, il composa trois quatuors, qui furent publiés depuis par Artaria.

Mozart régnait alors sur le monde musical, et Beethoven l'admirait profondément avant de songer qu'il deviendrait un jour son émule en renommée. Cédant à son enthousiasme, il fit un voyage à Vienne, au printemps de 1787, pour y voir l'auteur de tant de chefs-d'œuvre. Ce fut le comte de Valdstein, chambellan de l'empereur d'Autriche, qui lui en fournit les moyens et favorisa le séjour qu'il y fit en lui envoyant quelques sommes d'argent. Muni d'une lettre de recommandation, il fut admis en présence du maître. Celui-ci, désireux de connaître *de auditu* l'adolescent dont on lui vantait le talent, lui donna à développer un thème hérissé de difficultés. Beethoven se mit au piano, et telles furent l'originalité et la puissance avec laquelle il travailla ce thème, que Mozart, après l'avoir entendu, ne put s'empêcher de dire à ses amis : « Faites attention à ce jeune homme, vous en entendrez parler quelque jour. »

En 1792, Beethoven, qui touchait concurremment avec Neefe une pension comme organiste attaché à la chapelle de Cologne,

BEETHOVEN.

fut envoyé à Vienne par son protecteur, l'électeur Maximilien-François, frère de l'empereur Joseph, pour s'instruire dans les procédés de la composition. Fixé à Vienne, il trouva immédiatement un protecteur dévoué dans le baron Godefroy van Swieten, directeur de la bibliothèque impériale, ami intime de Mozart et de Haydn, propagateur des œuvres de Bach, de Haendel, traducteur des poèmes anglais de la *Création* et des *Saisons*.

Le prince Lichnowski, élève de Mozart, et la princesse Christine, née comtesse de Thun, adoptèrent en quelque sorte le jeune Beethoven. Ils le firent jouir dans leur maison d'une hospitalité opulente pendant plusieurs années. Le prince fit plus encore : il assura son existence par une somme fixe et annuelle de 600 florins.

Indépendamment des personnages que j'ai cités, Beethoven compta bientôt au nombre de ses amis, dévoués à sa personne et à son talent, le comte Maurice-Nicolas Zmeskalle, secrétaire de l'empereur; le comte François de Brunswick, le baron Joseph de Gleichenstein, le baron Pasqualati; quant au docteur Wegeler et à Étienne de Breuning, leur intimité avait précédé le voyage à Vienne.

De telles marques de sympathie ne purent dompter le caractère malheureux de Beethoven. A chaque instant, il mettait à l'épreuve la patience de ses amis et protecteurs par sa bizarrerie, sa mauvaise humeur, son mépris pour les convenances du monde, et, il faut le dire, par un sentiment excessif de sa valeur personnelle.

Il fut l'élève d'Haydn, de 1792 à 1794; mais il recevait assez mal les conseils du vieux maître. Impatient de tout frein, il n'aspirait qu'à rompre avec Haydn, lorsqu'il fit la connaissance de Schenck, auteur d'un opéra-comique intitulé *le Barbier du village* et joué avec succès en Allemagne. Il reçut de ce musicien des leçons de contrepoint, en même temps qu'il allait pour la forme montrer ses cahiers à Haydn. Ferdinand Ries ajoute même, dans sa notice biographique sur Beethoven, qu'Haydn ayant désiré que Beethoven mît sur sa première publication : *Élève de Haydn*, le jeune homme s'y serait refusé en disant qu'il n'avait rien appris de lui. La reconnaissance paraît avoir été en toute circonstance pour cette nature indépendante un insupportable fardeau. Cependant un autre biographe affirme qu'Haydn, à son retour de Londres, reçut l'hommage d'une cantate composée par Beethoven et qu'il donna des encouragements au jeune musicien. Sur ce dernier point, il ne saurait y avoir de doute. Le bon Haydn a bien pu, à la fin de sa carrière, ne pas se soucier de diriger de nouveaux élèves, mais il n'a jamais dû leur refuser ses encouragements. Beethoven reçut plus tard les leçons d'Albrechtsberger pour le contrepoint et de Salieri pour la musique dramatique. Il eut donc en tout sept professeurs. Trois d'entre eux possédaient les secrets de la composition musicale à un degré éminent, les autres pouvaient avoir aussi du mérite.

Il importe donc de constater que Beethoven reçut l'instruction spéciale la plus étendue, la plus complète, la plus variée qu'un élève puisse recevoir, et qu'en outre ses débuts furent favorisés d'une manière tout exceptionnelle.

A cette époque, la haute société autrichienne se faisait gloire d'aimer la musique et de favoriser les musiciens. Aucun milieu n'était assurément plus propice au développement d'un artiste que celui où les circonstances venaient de jeter Beethoven.

Le prince Lichnowski et le comte Rasumoffsky, ambassadeur de Russie à Vienne, réunissaient alternativement dans leur palais une petite société, composée d'artistes et d'amateurs pour l'exécution de la musique de chambre. On y jouait les symphonies et les quatuors d'Haydn et de Mozart, et ce fut là que Beethoven fit entendre ses premiers ouvrages : d'où le nom de *Quatuor de Beethoven* donné à la société d'instrumentistes qui exécutait les productions du jeune maître. Le chevalier de Seyfried ne trouve pas de termes pour exprimer la perfection avec laquelle les ouvrages de Beethoven étaient exécutés dans des circonstances si favorables. Précédé déjà d'une grande réputation, Beethoven visita Prague, Leipsick et Berlin pendant l'année 1795; il fut accueilli partout avec enthousiasme, et son talent sur le piano, sa facilité à improviser sur un thème donné, excitèrent l'admiration. Cherubini et Cramer l'entendirent alors jouer du piano et ont répété depuis que son exécution était puissante et chaleureuse.

En 1800, Beethoven trace un exposé de sa situation dans une lettre au docteur Wegeler. « Mes compositions, dit-il, me rapportent beaucoup, et je puis dire que j'ai plus de commandes qu'il ne m'est possible d'en réaliser; aussi j'ai pour chaque chose six ou sept éditeurs, et même plus si cela me convient. On ne marchande plus avec moi, je fais mon prix et 'on me paye. » C'est pendant cette période que Beethoven, de vingt-cinq à trente ans, écrivit ses œuvres les plus franchement mélodiques, ses trios en *mi*, en *sol* majeur, et en *ut* mineur; le premier concerto en *ut* majeur, les trois premiers quatuors, des airs variés et sonates pour piano, la composition d'*Adélaïde*, la sonate pathétique; tout est clair, lumineux, facile à comprendre. Il y a dans plusieurs de ces ouvrages les traces d'une sensibilité qu'on ne retrouve pas si évidente ailleurs.

L'examen des œuvres du grand musicien amène naturellement une classification, et depuis longtemps elle a été faite par les amateurs attentifs. La division de la carrière musicale de Beethoven en trois périodes ou manières est si motivée, qu'elle a été adoptée par son principal biographe, Schindler, honnête Allemand, d'une assez faible portée d'esprit, mais bon musicien, puisqu'il fut l'élève et l'ami du maître. La première manière de Beethoven s'arrête vers 1800; la deuxième embrasse l'intervalle compris de 1801 à 1814, époque de la création de ses grandes symphonies; et enfin la dernière manière, commençant en 1815, finit à la mort du compositeur, en 1827.

Avec le dix-neuvième siècle s'ouvre, pour Beethoven, une période de douleurs et de chagrins dont son âme sera empoisonnée jusqu'au dernier jour. Il prend le parti de fixer sa résidence à Vienne. Ses deux frères, Charles et Jean, y habitaient; l'un était commis à la banque nationale, l'autre pharmacien, c'est-à-dire peu artistes tous deux. On en a tracé comme à plaisir un portrait odieux. J'ai bien remarqué des traces de mésintelligence entre ces frères; cependant je crois qu'on en a exagéré la portée. Schindler lui-même, qui les connaissait, n'a pu citer de leur part aucun fait bien criminel. Pouvait-on exiger d'eux autre chose que de s'employer selon leur caractère à défendre les intérêts matériels que le musicien de génie entendait assez mal.

Ce fut à cette époque que Beethoven ressentit les atteintes d'une surdité qui prit presque aussitôt un caractère alarmant. Un artiste qui semblait né tout exprès pour faire entendre sa musique au monde enthousiasmé, perdre le sens de l'ouïe! l'enchanteur merveilleux de la société laplus polie de l'Europe. devenir sourd! C'était bien, on en conviendra, la plus accablante fatalité qui pût tomber sur un homme comme Beethoven, à qui il restait tant d'idées à exprimer, tant de conceptions à faire éclore, qui sentait bouillonner dans son cerveau comme une mer harmonieuse. Est-il nécessaire de rechercher une autre explication de son caractère et de son genre de vie que cette épreuve, la plus cruelle qu'un musicien puisse subir?

Les personnes souffrant d'une infirmité deviennent timides, et la défiance accompagne presque toujours la timidité. On s'explique dès lors cette humeur soupçonneuse, cette fierté maladive, cette misanthropie rebelle aux efforts de l'amitié, cette inclination chaque jour plus prononcée pour la solitude, enfin ces projets de suicide et ce lamentable testament écrit en 1802, où le désespoir parle un si déchirant langage :

« A mon frère Charles.

» O hommes qui me croyez haineux, intraitable ou misanthrope, et qui me représentez comme tel, vous ne me rendez
pas justice ! Vous ne connaissez pas les raisons secrètes qui
font que je vous parais ainsi. De cœur et d'esprit j'étais porté,
dès mon enfance, aux sentiments bienveillants, j'éprouvais
même le besoin de faire quelques belles actions. Mais songez
que, depuis six ans, je suis dans un triste état de santé, aggravé
encore par d'ignorants médecins ; que, bercé d'année en année
par l'espoir d'une amélioration, j'en suis réduit à la perspec-
tive d'un mal double, dont la guérison sera longue et peut être
impossible. Né avec un tempérament vif et ardent, susceptible
de sentir les agréments de la société, j'ai été obligé de m'en
séparer de bonne heure et de vivre dans la solitude ; et,
quand je voulais me mettre au-dessus de cela et oublier
mon infirmité, j'en étais repoussé avec un redoublement de
tristesse par suite de ma difficulté d'entendre. Il m'était impossible pourtant de dire aux hommes : Parlez plus haut, criez,
car je suis sourd ! Ah ! comment était-il possible d'avouer la faiblesse d'un sens qui aurait dû être plus parfait chez moi que
chez les autres, d'un sens que j'ai possédé autrefois dans l'état
de perfection, et d'une perfection telle que peu d'hommes de
mon art la possédaient ; non, je ne le puis pas. Ne m'en veuillez
donc pas quand vous me voyez dans la retraite, quand je
voudrais vivre avec vous ; mon malheur me fait doublement
souffrir, car je vois que l'on me méconnaît. Pour moi, point de
délassement dans la société, point de conversation intime, point
d'épanchements mutuels. Vivant toujours seul, sans autre ressources que celles que commande une impérieuse nécessité, je
ne puis me faire admettre dans la société, et je vis comme un
banni. Toutes les fois que je m'approche du monde, une
affreuse inquiétude s'empare de moi ; je crains à tout instant le
danger de faire remarquer mon état. — C'est ainsi que j'ai passé

à la campagne la moitié de cette année ; engagé par mes savants médecins à soigner mon ouïe, j'ai mené un genre de vie contraire à mes goûts naturels. Pourtant quand, en dépit des motifs qui m'éloignaient de la société, je m'y laissais entraîner, à quel chagrin je m'exposais lorsque quelqu'un, se trouvant auprès de moi, entendait de loin une flûte et que je n'entendais rien ; ou qu'il entendait chanter un pâtre et que je n'entendais encore rien ! J'en ressentais un désespoir si violent, que peu s'en fallait que je ne misse fin à ma vie. L'art seul m'a retenu ; il me semblait impossible de quitter le monde avant d'avoir produit tout ce que je sentais devoir produire. C'est ainsi que je continuais cette pauvre vie, véritablement misérable : un rien suffit pour me faire passer de l'état le meilleur à l'état le plus pénible. Patience, c'est le nom du guide que je dois choisir ! Je l'ai déjà, et ma résolution est de persévérer jusqu'à ce qu'il plaise aux inexorables Parques de couper la trame de ma vie. Peut-être cela ira-t-il mieux, peut-être non. Je suis décidé à me faire philosophe à vingt-huit ans, chose qui n'est pas facile, et qui est plus difficile pour moi que pour tout autre. — O Divinité, tu vois dans mon cœur, tu le connais et tu sais que l'amour du prochain et le penchant au bien y tiennent une grande place.

» O hommes qui lirez ceci un jour, songez combien vous avez été injustes envers moi dans mon malheur ; que les malheureux se consolent en voyant en moi un de leurs semblables, qui, bravant les obstacles, fit tout ce que sa position lui permettait de faire pour être digne d'être compté au nombre des hommes de bien et des artistes de mérite.

« Et vous, mon frère Charles, aussitôt que je serai mort, priez le professeur Schmidt, en mon nom, de décrire ma maladie et d'ajouter cette description à cet écrit, afin qu'après ma mort, autant que possible, le monde soit réconcilié avec moi. En même temps, je vous déclare tous deux héritiers de ma petite fortune (si on peut l'appeler ainsi) : Partagez-la loyalement

soyez d'accord et aidez-vous mutuellement. Tout ce que vous
avez fait contre moi vous a été depuis longtemps pardonné,
vous le savez. Je remercie mon frère Charles particulièrement
pour l'attachement qu'il m'a témoigné dans ces derniers temps.
Je souhaite que votre vie soit meilleure et plus libre de soucis
que la mienne. Recommandez la vertu à vos enfants; elle
seule peut vous rendre heureux, et non pas l'argent. Je vous
parle d'expérience : c'est la vertu qui soutient dans le malheur,
et, si je n'ai point fini ma vie par un suicide, je le dois à vous
ainsi qu'à mon art. Vivez heureux et aimez-vous. Je remercie
tous mes bons amis, principalement le prince Lichnowski et le
professeur Schmidt. Je désire que les instruments du prince
soient conservés chez un de vous; mais qu'il n'y ait point de
discussion à ce sujet entre vous deux. Si cependant vous aviez
besoin d'argent pour quelque chose de plus utile, je vous
permets de vendre ces violons, et je serai heureux de vous être
utile de mon tombeau. C'est avec joie que je vais au-devant de
la mort. Si elle vient avant que j'aie l'occasion de développer mes capacités musicales, j'attribuerai cela à la dureté de
mon sort; mais ce serait trop tôt, et je désire qu'elle vienne
plus tard : dans tous les cas, je serai content, car elle me déli-
vrera d'un état pénible; j'irai avec courage au-devant d'elle.
Adieu, ne m'oubliez pas dans la mort, je le mérite, car je vous
ai toujours voulu du bien durant ma vie, et toutes mes pensées
étaient pour votre bonheur. Soyez heureux.

  « Heiligenstadt, ce 6 octobre.

           » Louis van Beethoven. »

En 1803, Giulietta Guicciardi fut aimée passionnément par
Beethoven; elle lui inspira l'admirable sonate en *ut* mineur,
dite *Sonate du clair de lune*. Il paraît, d'après un billet écrit
par Beethoven et remis à Schindler, que cette personne semblait répondre à son amour; mais, comme la demoiselle
épousa un maître de ballets nommé Gallenberg, on peut

penser qu'elle fit jouer au pauvre Beethoven le rôle de dupe. Schindler donne trois lettres d'amour écrites par Ludwig à sa maîtresse; elles témoignent d'un cœur profondément et sincèrement épris.

Il avait fait exécuter au théâtre du Burg à Vienne, le 28 mars 1801, un ballet : *Les créations de Prométhée;* en 1802, diverses sonates, la *Marche funèbre pour la mort d'un héros* et l'admirable septuor; il donna, le 5 avril 1803, la cantate intitulée : *Le Christ au mont des Oliviers.*

Mais c'est la symphonie en *ré,* exécutée en 1804, qui inaugure la seconde phase musicale et la véritable manière de Beethoven. Jusque-là, dans ses sonates, dans ses quatuors, etc., Beethoven réflétait dans une certaine mesure l'inspiration du maître immortel dont il avait reçu en quelque sorte l'investiture artistique lors de son premier voyage à Vienne, en 1787. Maintenant il est lui-même, il le sera plus encore peut-être, s'il est permis de parler ainsi, dans sa *Symphonie héroïque,* écrite à l'instigation de Bernadotte, qui remplissait alors les fonctions d'ambassadeur français près de la cour d'Autriche. Bonaparte n'était à ses yeux que le bras victorieux de la France républicaine. Admirateur sincère du premier consul, il prêta donc facilement l'oreille à la voix de Bernadotte qui lui demandait une symphonie destinée à glorifier son héros. Une copie nette de la partition de la *Symphonie héroïque* avec la dédicace au premier consul de la République française consistant en deux mots : *Napoléon Bonaparte,* allait être remise au général pour être envoyée à Paris, lorsque la nouvelle vint à Vienne que le premier consul s'était fait proclamer empereur des Français. Aussitôt Beethoven saisit sa partition avec colère, arracha la feuille du titre et la jeta par terre en proférant des imprécations contre le nouveau tyran; c'est ainsi qu'il appelait l'empereur Napoléon. Il remplaça le titre de sa *Symphonie héroïque* par cette devise : *Per festeggiare il sovenire d'un gran uomo.*

L'éminent symphoniste était-il doué à un degré égal de la faculté dramatique? L'opéra de *Léonore* va nous le dire. Cette pièce, jouée à Vienne le 20 novembre 1805, ne répondit pas aux espérances que le nom du compositeur faisait concevoir. Réduite plus tard à deux actes et représentée sous le titre de *Fidelio*, qui lui est resté, elle obtint plus de succès. On reconnut ce qui y était en effet, c'est-à-dire l'empreinte d'un talent arrivé à sa maturité, une science profonde des effets d'orchestration et une habileté consommée dans l'art de traiter une idée, de la développer en y introduisant les épisodes les plus intéressants. Cependant, quand on se place au point de vue de la musique vocale et du genre dramatique, on peut dire, sans manquer de respect à Beethoven, que *Fidelio* ne réunit pas les conditions de l'œuvre lyrique, telle que nous comprenons depuis Gluck, Mozart, Rossini et Meyerbeer. L'inflexible raideur de la personnalité de Beethoven l'empêchait de se plier aux nuances des divers caractères, et de subordonner la conception de ses formes musicales aux exigences d'un scénario. L'instrumentation domine les parties essentielles, et les formes mélodiques ne sont pas assez faciles à saisir.

La décade de 1804 à 1814 n'est pas seulement la plus brillante du génie de Beethoven, elle est encore la plus féconde et la plus riche. A ce temps appartiennent la sonate en *fa majeur* (1806), la symphonie en *si majeur*, l'ouverture de *Coriolan*, et la messe en *ut majeur*, écrite pour le prince Esterhazy (1807), le *Concertino*, la symphonie en *ut mineur*, l'œuvre la plus parfaite du maître, celle qui est la marque de l'apogée de son génie, et la symphonie *Pastorale* (1808). L'époque à laquelle Beethoven a fait exécuter ses magnifiques symphonies marque le point culminant des progrès de la musique en Allemagne.

Cependant, au milieu de ses triomphes, Beethoven menait, toujours une vie agitée, tourmentée de mille soucis et qu'il croyait à tort précaire et mal assurée. Sous ce dernier rapport, peu de compositeurs, même parmi les plus grands, ont été aussi favorisés que Beethoven, qui a joui de son vivant d'une grande renommée, qui était entouré d'amis enthousiastes et dévoués, qui faisait exécuter chez des princes et par des princes ses quatuors à peine terminés et dont l'encre n'était pas encore séchée. Cependant il s'est cru très malheureux ; il l'a été par cela même, et nous devons le plaindre. Il faillit se brouiller avec le prince Lichnowski, en lui demandant un jour le capital de la rente annuelle de six cents florins qu'il devait à la générosité de cet amateur. Dans cette extrémité, Beethoven songeait à aller chercher fortune en Italie, quand Jérôme Bonaparte, roi de Westphalie, lui fit offrir la place de maître de chapelle à Cassel. L'aristocratie viennoise, menacée de perdre le musicien dont elle était fière, s'émut de sa détresse, et un concordat passé d'un commun accord entre l'archiduc Rodophe, le prince Lobkowitz et le prince Kinsky assura à l'auteur de *Fidelio* une pension annuelle de quatre mille florins. Après l'année 1810, une des plus fécondes en chefs-d'œuvre dans l'existence de Beethoven, sa position pécuniaire fut de nouveau compromise par suite du dérangement des finances autrichiennes, et sa pension réduite, en fait, de quatre mille florins à huit cents. Au fort de ces revers de fortune, il écrit, en 1811, la musique de trois chants de Gœthe, et l'ouverture d'*Egmont*; en 1812, l'ouverture des *Ruines d'Athènes* et l'ouverture du *Roi Étienne*. Si grande que fût la valeur de ces compositions, elles devaient être éclipsées par la *Bataille de Vittoria*, symphonie militaire à deux orchestres, exécutée dans l'*Aula* de l'Université, les 8 et 12 décembre 1813.

Le moment où l'Allemagne se couronne reine de l'art dans la personne de son glorieux enfant, est aussi celui où le sort des armes lui donne gain de cause ; 1813 avait été marqué par la défaite des Français à Leipsick, 1814 est signalé par la campagne de France et le renversement de Bonaparte. Les souverains et les ministres réunis au congrès de Vienne sont les auditeurs de la cantate dramatique de circonstance (*O moment glorieux*), qui clôt la seconde manière du maître (29 novembre 1814).

Quoiqu'on ait prétendu le contraire, la renommée de Beethoven s'établit promptement en France. La première symphonie en *ut* fut exécutée à Paris en 1810, sous la direction d'Habeneck, qui fit connaître successivement toutes les autres symphonies dans les concerts spirituels de l'Opéra; à partir de 1828, il les fit exécuter par l'orchestre incomparable de la Société des concerts du Conservatoire. Habeneck était un artiste d'élite à qui cette Société est redevable d'une bonne partie de ses excellentes traditions. Depuis la mort de ce vaillant chef d'orchestre, arrivée en 1849, les symphonies de Beethoven ont continué à figurer au premier rang dans les programmes de la Société des concerts.

Ayons le courage de le dire, quoi qu'il nous en coûte : à partir de 1815 jusqu'à sa mort (26 mars 1827), l'illustre compositeur tombe au-dessous de lui-même. Son inspiration est moins nette; sa musique qui, même en s'efforçant d'exprimer l'infini, était restée pendant la période précédente suffisamment précise et intelligible, devient maintenant obscure et confuse.

La grande messe en *ré* (*Missa solemnis*), les dernières ouvertures, la *neuvième symphonie avec chœurs* « sur *l'ode à la joie de Schiller* » et surtout les derniers quatuors sont des œuvres *apocalyptiques*. Non qu'il ne s'y rencontre encore, çà et là d'éclatantes beautés en assez grand nombre pour témoigner que c'est un soleil qui se couche, mais, dans l'ensemble, la lumière fait défaut; ce sont des créations puissantes où manque le *Fiat lux*. Pendant qu'il travaillait à la *neuvième symphonie*, le compositeur parcourait la campagne, notant ses idées, sans penser à l'heure des repas, et rentrait souvent sans chapeau, au grand déplaisir de madame Schnaps, sa cuisinière; toute sa conduite attestait une surexcitation fébrile; la partition fut enfin achevée au mois de février 1822.

Beethoven désirait faire exécuter la *Missa solemnis*, et la *neuvième symphonie* dans un grand concert à Berlin; il s'adressa à cet effet au comte Brühl, qui lui promit un grand succès. Mais cette détermination émut toute la noblesse dilettante de Vienne, ainsi que les admirateurs du maître. On rédigea une adresse dans laquelle on le suppliait en termes chaleureux d'épargner cette honte à la capitale et de ne pas permettre que les nouveaux chefs-d'œuvre sortissent du lieu de leur naissance ayant d'avoir été appréciés par les admirateurs nombreux de l'art national. Beethoven fut touché de cette manifestation. Ses amis se mirent en campagne, aplanirent les difficultés suscitées par le caractère du maître, et le 7 mai eut lieu à Vienne, dans la salle du théâtre de la Porte de Carinthie, l'exécution des deux œuvres colossales si ardemment désirées. Beethoven était à la droite du directeur et donnait le mouvement de chaque morceau. Mais il entendit peu ou mal ce qui se passait autour de lui. Paraissant étranger aux acclamations d'un public enthousiaste, il tournait le dos à la salle, et on dut l'avertir de répondre par un signe de tête à l'ovation dont il était l'objet. Le résultat pécuniaire de la séance fut presque négatif. Le maître l'apprit aussitôt; il se trouva mal. Il fallut l'emporter chez lui. où il demeura toute la nuit sans proférer une parole. Il s'endormit, et ses domestiques le retrouvèrent à la même place le lendemain matin, dans sa toilette de concert.

Les parties solo de la messe et du finale de la symphonie avaient donné lieu à des débats orageux entre le maître et les interprètes pendant les répétitions. Caroline Ungher et Henriette Sontag réclamèrent des changements que Beethoven refusa opiniâtrement, prétendant qu'elles étaient perverties par la musique italienne, et que telle était la raison qui leur faisait trouver la sienne difficile. Assez mauvaise raison, car la difficulté ne consistait pas dans les phrases prises en elles-mêmes, mais dans la manière dont le compositeur traitait la voix humaine. Ce qui fit dire à Caroline Ungher qu'il était « le tyran de la voix ». Henriette Sontag désirait chanter sa partie, *mezza voce*, selon son habitude. Beethoven n'entendant pas suffisamment, à cause de la faiblesse de son oreille, exigea qu'elle chantât tout en voix de poitrine. Le *Kyrie* étant écrit dans un mouvement très large, la pauvre cantatrice fut bientôt aux abois. Il en était de même des chœurs. Il y a dans le *Credo* un passage où le soprano attaque un motif de fugue sur un *si* bémol aigu. On fit observer à Beethoven que jamais une voix de femme ne pouvait attaquer un son si élevé sans aucune préparation. Il fut inexorable. En vain le maître de chapelle, Umlauf, joignit ses instances à celles des soprani, Beethoven resta inflexible. Les parties de basse ne furent pas mieux traitées.

Une seconde exécution de la *neuvième symphonie* et d'une partie de la *Missa solemnis* eut lieu le 23 du même mois, et, il faut le reconnaître, avec un succès moindre.

Il est juste de signaler les souffrances physiques et morales de l'artiste parmi les causes qui purent contribuer à l'altération de son talent. La surdité de Beethoven, rebelle à tous les traitements dont il essaya, ne fit même que s'aggraver depuis 1815, et le mit dans l'impossibilité de diriger l'exécution de ses ouvrages. D'un autre côté, sa santé s'affaiblissait, et la mort de son frère Charles, caissier d'une maison de banque autrichienne, décédé au mois de novembre 1815, semblait l'avertir que ses jours étaient comptés. Ce frère laissait un fils, dont, par son testament, il confia la tutelle à Beethoven. De là résultèrent pour notre artiste de longues et sérieuses difficultés. Pendant près de cinq ans il eut à lutter contre les prétentions de madame Charles Beethoven, qui demanda aux tribunaux la remise de la tutelle de son fils. Les juges donnèrent gain de cause à l'oncle contre la mère, et déboutèrent celle-ci de ses prétentions. Le jeune Charles Beethoven, en vertu d'une décision judiciaire conforme d'ailleurs à l'esprit du testament paternel, fut remis à son oncle, qui l'adopta, et dès lors n'épargna rien pour son éducation. Ce que cachait de bonté native et d'affectueuse tendresse la rude écorce du compositeur « toujours brusque », on peut s'en faire une idée par la façon dont il comprit et remplit ses devoirs à l'égard de son fils adoptif. Soins malheureusement stériles ! tendresse prodiguée à un ingrat ! Charles Beethoven ne se contente pas même d'affliger son oncle par la légèreté de sa conduite : dans un accès de désespoir, il essaye de se donner la mort; mais les règlements de police du temps contenaient de sévères dispositions relatives aux tentatives de suicide; l'étudiant relaps encourt leur effet, et se voit l'objet d'une surveillance spéciale. Finalement, on est réduit à l'incorporer dans un régiment.

Comprenez-vous à présent ce que dut souffrir Beethoven à la suite de tant et de si cuisants déboires, causés par cette famille dont le grand musicien immortalisait le nom? Son caractère s'aigrit au delà de toute mesure, au point de le rendre dur et injuste envers ses amis les plus fidèles. Sa robuste constitution subit aussi le contre-coup fatal de cette funeste disposition d'esprit? Une maladie du poumon sur laquelle on se trompa à l'origine, et qui fut traitée comme une hydropisie, l'emporta le 26 mars 1827, à l'âge de cinquante-sept ans; sur son lit de mort, il manifesta les plus vifs sentiments de piété, reçut les sacrements de l'Église, et se réconcilia avec son rival Hummel, à cette heure suprême où l'homme a trop besoin de pardon pour conserver des ressentiments.

Antoine Schindler ne cache pas que le maître, qui lui inspire une si profonde admiration, était, dans la vie privée, plein de manies bizarres qui le rendaient insociable. La défiance et l'irascibilité de Beethoven sont connues. Dans les concerts qu'il dirigeait, il lui arriva plusieurs fois de s'emporter grossièrement contre les exécutants, quand ceux-ci avaient le malheur de commettre quelque faute. Ses amis les plus intimes n'étaient pas même à l'abri de sa colère et de ses soupçons. Après les concerts des 7 et 23 mai 1822, organisés au bénéfice de Beethoven par les soins du maître de chapelle Umlauf, du violoniste Schupanzigh et de Schindler, le compositeur les réunit tous trois à l'hôtel de l'*Homme Sauvage*, au Prater, où il commanda un magnifique repas. Puis, à peine les invités étaient-ils à table, qu'il éclata contre eux, les accusant de tromperie et de vol. Les convives, qui s'attendaient à des remerciements pour leurs services désintéressés, se voyant, au contraire, traités si indignement, quittèrent la salle avec plus de douleur que de ressentiment, laissant Beethoven seul avec son neveu, en face du splendide repas qu'il avait fait préparer.

Boileau nous apprend qu'il trouvait au coin d'un bois le mot qui l'avait fui : Beethoven cherchait aussi l'inspiration en se promenant soit dans la campagne, soit dans les rues de Vienne. Quelque temps qu'il fît, pluie, vent ou grêle, rien ne l'empêchait de se livrer chaque jour à de longues pérégrinations. Heureux s'il eût pu passer toute sa vie en plein air ! Rentré chez lui, notre artiste s'abandonnait à des excentricités fort préjudiciables au bon état de son logement. Il se mettait à écrire et à chiffrer sur les murs et les volets de l'appartement avec cette insouciance et ce sans-gêne qui lui étaient habituels. Si le plancher était moins propre que les murailles à recevoir ses élucubrations, il était plus maltraité encore ; car, sans respect pour le parquet, le compositeur l'inondait avec une profusion déplorable chaque fois qu'il faisait ses ablutions ; ce n'était pas l'affaire des propriétaires, et l'honneur de loger le symphoniste était trop chèrement payé à leurs yeux par le dégât de leurs immeubles. Aussi lui signifiaient-ils son congé à l'expiration du terme, et, comme cette manie des aspersions finit par être connue, malgré le zèle de ses amis qui se mettaient en campagne pour découvrir un propriétaire tolérant, Beethoven eut souvent beaucoup de peine à trouver un toit où abriter sa gloire.

Un autre trait de mœurs qu'on rencontre assez souvent chez

les grands esprits, c'est la distraction. Il en vint à oublier la véritable date de sa naissance. Il se rajeunissait de deux ans. Il n'est pas probable que ce fût par coquetterie. Beethoven était distrait à ce point qu'un jour à Vienne, entrant dans un restaurant, il demande la carte, et au lieu de faire son choix, il se met à noter au dos une idée musicale qui lui était venue à l'improviste. Le voilà rêvant, écrivant, tout entier à son inspiration, sans plus se soucier ni du lieu où il est, ni de l'objet qui l'y a amené. Puis, après avoir fait de la carte une partition, il se lève et demande ce qu'il doit. — Monsieur, vous ne devez rien, répond le garçon, car vous n'avez pas dîné. — Vous croyez que je n'ai pas dîné? — Non, assurément. — Eh bien, donnez-moi quelque chose. — Que désirez-vous? — Ce que vous voudrez.

Ces ridicules, ces travers, ces défauts d'un homme de génie sont la rançon de ses facultés supérieures. Si je les ai rapportés, ce n'est pas pour amoindrir une personnalité qui restera toujours l'une des plus hautes dans la sphère de l'art. Mais que de justesse, au fond, dans ce mot de Gœthe : « C'est tout à fait la même chose que d'être grand ou petit : il faut toujours payer l'écot de l'humanité. »

BOIËLDIEU

NÉ EN 1775, MORT EN 1834

La génération qui vit le jour pendant les dernières années du dix-huitième siècle a fourni un nombre exceptionnel d'hommes de mérite en divers genres, et ce n'est pas son moindre titre de gloire que de compter parmi eux le prince de notre musique légère, l'immortel Boïeldieu.

François-Adrien Boïeldieu naquit à Rouen, le 15 décembre 1775. Son père était secrétaire de l'archevêché et lui-même reçut les premières notions de l'art du chant à l'église métropolitaine, où il avait été placé comme enfant de chœur. Le chef de la maîtrise, qui s'appelait Broche, dirigea ses études. C'était un homme sévère, violent même, qui menait ses élèves à la baguette selon l'usage du temps. On raconte à ce sujet que le petit Boïel (ainsi qu'on appelait par abréviation Boïeldieu), effrayé des conséquences qu'allait avoir pour lui une tache faite sur un livre de son maître, prit la fuite pour se soustraire au châtiment qui l'attendait. On l'atteignit lorsqu'il était déjà sur la route de Paris, et on le ramena à la maîtrise. Ses parents obtinrent de Broche la promesse qu'il mettrait dorénavant moins de dureté dans ses réprimandes.

A l'âge de seize ans, Boïeldieu joignait à quelques notions d'harmonie un talent agréable d'exécution sur le piano et d'heureuses inspirations mélodiques. Il était déjà passionné

pour l'art dramatique, au point de consacrer toutes ses éco-
nomies à aller entendre au théâtre de Rouen les opéras de
Philidor, de Piccinni, de Monsigny, de Dezède et de Grétry.
Telles furent ses premières impressions; tels furent ses véritables maîtres. Plus d'une fois, quand l'argent lui faisait défaut,
il recourait à la ruse, se glissait clandestinement dans la salle
de spectacle à l'heure de la répétition, et, caché sous un banc,
il attendait avec patience le moment où la représentation
commencerait. Tant de difficultés se dressent au seuil du temple
de la gloire qu'une forte dose d'illusions n'est pas inutile à ceux
qui entreprennent d'en forcer l'accès. Le jeune artiste voyait
l'avenir sous des couleurs qui lui dérobaient le présent. Avec
trente francs dans sa poche et une partition sous le bras, il
partit donc pour la capitale, cheminant à pied par raison d'éco
nomie et charmant la longueur de la route par la pensée de la
fortune et de la renommée qui l'attendaient, croyait-il, au bout
de son voyage. Hélas! il fallut beaucoup rabattre de ces rêves
brillants. Les sociétaires de l'Opéra-Comique refusèrent l'œuvre
d'un inconnu, et Boïeldieu fut contraint de faire du métier,
et quel métier! Le compositeur voulait donner des leçons,
mais il ne trouvait pas d'élèves; force lui fut, en attendant
mieux, d'accorder des pianos! Ce rude noviciat se trouva
pourtant avoir de sérieux avantages. Le jeune musicien
rencontra même des sympathies utiles chez les chefs de la
célèbre maison. Érard, où se réunissait alors (1794) l'élite
des artistes. D'autre part, de fréquentes conversations avec
Rode, Garat, Méhul, perfectionnaient son goût naturel, et
suppléaient jusqu'à un certain point à l'insuffisance de son
éducation musicale.

Boïeldieu avait une tournure distinguée, des manières
aimables, et en un mot les qualités de l'homme du monde.
Pour tout dire, il plaisait; et peut être ses agréments per-
sonnels ne furent-ils pas étrangers à la vogue de salon qui
accueillit ses romances. Chantées par l'inimitable Garat, ces

gracieuses mélodies faisaient le tour de Paris. Elles apprenaient aux amateurs le nom du jeune musicien, sans pour cela contribuer à l'enrichir. De son propre aveu, en effet, jamais l'éditeur Cochet ne paya une romance de Boïeldieu plus de *douze francs*.

Quelle que fût la notoriété que le *Ménestrel*, le *Troubadour béarnais* et vingt autres productions dans le goût du temps procurassent au jeune artiste normand, il n'était pas venu à Paris à seule fin de mettre en musique des vers de mirliton. On ne pouvait aborder la salle Feydeau sans le concours d'un librettiste. Fiévée fut ce collaborateur tant désiré. L'auteur de la *Dot de Suzette* tira de son joli roman un opéra en un acte qui porta le même titre, et dont il confia à Boïeldieu le soin de composer la partition. Cette petite pièce, jouée en 1795, réussit, grâce à la fraîcheur de l'inspiration musicale, à l'agrément du sujet et au talent de Mme Saint-Aubin.

Après la *Dot de Suzette*, l'Opéra-Comique joua, en 1797, la *Famille suisse*, acte dont les paroles avaient été écrites par Godart d'Ancourt, dit Saint-Just, et dont la partition abonde en détails gracieux.

Zoraïme et Zulnare, drame lyrique en trois actes et en prose, fut représenté au Théâtre-Italien, en 1798. Élégance du style, finesse et vivacité de l'instrumentation, grâce mélodique, toutes les qualités du charmant Boïeldieu sont réunies dans cette partition qui, mieux que ses productions précédentes, le sortit de pair et le désigna à l'admiration des connaisseurs. *Les Méprises espagnoles* (1798) et *Beniowski*, autre opéra-comique, (1799) furent reçus avec froideur.

L'année suivante, Boïeldieu fut plus heureux. Il donna le *Calife de Bagdad*, opéra-comique en un acte, dont les paroles sont de Saint-Just. Le sujet est emprunté aux *contes arabes*. Il offre quelque analogie avec celui de *Jean de Paris*. Isaoun voyage comme ce dernier sous un nom supposé, et cherche à être aimé pour lui-même de l'aimable Zétulbé.

Malgré la simplicité enfantine du livret, on est sous le charme de cette musique, qui est restée fort originale après plus de quatre-vingts ans. L'ouverture est une des meilleures pièces instrumentales de Boïeldieu; les chœurs sont ravissants et ont une couleur de convention très bien appropriée au sujet, pourvu toutefois qu'on n'exige pas ce qu'on appelle la couleur locale, ingrédient à l'usage des artistes médiocres, dont fort heureusement Boïeldieu n'a pas été tenté de se servir.

La popularité que lui attira le *Calife de Bagdad* ne devait être pour Boïeldieu qu'un stimulant pour l'inviter à mieux faire. Dès ce moment, on le voit mettre plus de correction dans ses ouvrages, ce qui a pu faire croire qu'il aurait alors pris des leçons de Cherubini. Quoi qu'il en soit, un progrès caractérisé se marque dans *Ma tante Aurore*. La tante Aurore est une vieille fille romanesque qui ne veut marier sa nièce qu'à un héros éprouvé par mille aventures. On organise une scène de brigands, d'attaque à main armée, etc., et on triomphe ainsi de la résistance de la tante. La musique de cet opéra est plus correcte, mieux instrumentée que celle du *Calife de Bagdad*, et offre des motifs pleins de grâce et d'esprit. Dans les couplets de la tante Aurore : *Je ne vous vois jamais rêveuse*, une des meilleures inspirations de Boïeldieu, le caractère et la manie de la vieille fille sont exprimés avec cette finesse de touche dont il avait le secret. Le duo qui suit : *Quoi! vous avez connu l'amour?* est traité avec beaucoup d'esprit, les rentrées ajoutent à la partie vocale des nuances qui la font valoir, comme dans les meilleurs ouvrages de Cimarosa. Le duo du dernier acte : *De toi, Frontin, je me défie*, est un petit chef-d'œuvre. Le rôle de Frontin avait été écrit pour le célèbre chanteur Martin.

Si le compositeur était applaudi, l'homme, dans son intérieur, était fort à plaindre. Il avait épousé une danseuse de l'Opéra, Clotilde-Augustine Mafleuroy, dont la conduite légère lui causait de vifs chagrins. Boïeldieu ne tarda pas à se

BOIELDIEU.

repentir de son mariage avec une telle femme. Cette union, si peu convenable sous tous les rapports, dura à peine une année. La séparation eut lieu, et Boïeldieu se décida à quitter Paris. Il partit pour la Russie en même temps que ses amis Rode et Lamarre (avril 1803). Dès son arrivée, le czar Alexandre le nomma maître de la chapelle impériale, fonctions purement honorifiques, mais à laquelle on ajouta l'engagement d'écrire chaque année trois opéras sur des sujets désignés par l'empereur.

Ce sont sept années durant lesquelles le génie du maître ne se manifesta par aucune production éclatante. Comblé de faveurs par l'empereur Alexandre, cher à la haute société russe, le compositeur français n'en était pas moins hors de son élément naturel. Pendant les guerres de Napoléon Ier contre le tzar, Boïeldieu, qui ne se mêlait point de politique, faillit encourir les soupçons d'une police ombrageuse, parce qu'il avait eu la malheureuse idée d'expédier à un de ses amis en France un paquet de manuscrits. Selon l'habitude, les employés de la douane ouvrirent le ballot, et le premier morceau sur lequel tombèrent leurs regards se trouvait commencer par ces trois notes : *si mi sol*. De là à lire *six mille soldats* et à conclure que l'auteur de l'envoi était un espion, il n'y avait pas loin, surtout de la part d'un fonctionnaire aussi zélé qu'ingénieux. A la vérité, la méprise fut bientôt expliquée, et cette grave affaire se termina par un éclat de rire. En 1810, Boïeldieu obtint, pour revenir en France, un congé temporaire, que les circonstances politiques changèrent en un congé définitif.

La représentation de *Jean de Paris* eut lieu le 4 avril 1812. C'est un ouvrage délicieux, d'une élégante originalité. Assurément rien n'émeut fortement l'âme du spectateur. Il n'y a là ni grande passion, ni catastrophe poignante, ni grands effets dramatiques. Le tamtam ne vient pas vous causer de soubresauts ni vous avertir qu'un cataclysme imprévu vient

de se produire soit dans les éléments, soit dans le monde
des idées et du sentiment. Les coups de timbale sont dis-
crets et se contentent de marquer le rhytme sans vous
causer des émotions acoustiques. La couleur locale n'est pas
plus accusée qu'il ne convient, et même il est plus vrai de
reconnaître simplement, je le répète, que dans le *Calife*,
dans *Jean de Paris* et dans la *Dame blanche*, Boïeldieu a sub-
stitué une couleur idéale, *sui generis*, à la couleur historique,
archéologique, chère aux curieux, aux savants, mais in-
différente aux gens qui veulent que la musique parle le la -
gage du sentiment, de la grâce, de la passion. Qu'y a-t-il de
plus charmant que le chœur d'introduction, l'air : *C'est la
princesse de Navarre;* la cavatine : *Quel plaisir d'être en
voyage!* la romance du troubadour au second acte, et le chœur
si bien rhytmé : *De monsieur Jean que le festin s'apprête,*
ainsi que le finale général. Cet opéra est resté longtemps
au répertoire de l'Opéra-Comique.

A *Jean de Paris* succéda le *Nouveau Seigneur de village*,
charmante production (1813), où se chante le célèbre duo :
C'est, dites-vous, du chamberlin; et cet autre : *Je vais rester à cette place,* les couplets de Babet si populaire : *Ah!
vous avez des droits superbes,* et le trio entre Babet, Colin et
le marquis. Il faudrait tout citer. A la suite de ses succès dramatiques, on créa pour Boïeldieu au Conservatoire une classe
de composition.

Disons sans hésiter que sa nomination fût très mal accueillie
par le personnel enseignant et par les élèves eux-mêmes.
Adolphe Adam, qui depuis fut un de ses meilleurs élèves, se
signala des premiers dans cette circonstance. Il ne fallut rien
moins que l'affabilité naturelle de Boïeldieu, la droiture de son
caractère et la bonté de son cœur pour apprivoiser les fa-
rouches disciples de Catel et de Cherubini.

La mort de Méhul en 1817 laissait une place vacante
dans la section des beaux-arts de l'Institut. Boïeldieu fut

appelé au fauteuil de celui qu'il avait longtemps considéré comme un de ses maîtres, et dont il était devenu l'émule. Pour justifier le choix qu'on avait fait de lui, Boïeldieu donna au théâtre de l'Opéra-Comique le *Petit Chaperon Rouge*, qu'on appela alors son discours de réception. On connaît le joli conte de Perrault. Théaulon, l'auteur du poème, fit subir une transformation aux personnages restés classiques pour les imaginations enfantines. Le Petit Chaperon devint Rose d'amour, le loup prit les traits du baron Rodolphe, et le comte Roger fut l'heureux amant qui empêcha la pauvrette d'être croquée par le loup.

La partition abonde en morceaux charmants : *Robert disait à Claire*; la ronde : *Depuis longtemps, gentille Annette*; la romance : *le Noble éclat du diadème*; les couplets : *Il m'a demandé le bouquet*; l'air chanté par Martin : *Anneau charmant si redoutable, aux belles*; enfin les deux duos du deuxième acte et celui du troisième font du *Petit Chaperon Rouge* une des plus jolies partitions du maître.

Boïeldieu avait écrit à Pétersbourg la musique des *Voitures versées*, opéra-comique en deux actes; il arrangea cet ouvrage pour le théâtre Feydeau, où il fut représenté en 1820 et réussit pleinement. Le chanteur Martin a laissé de longs souvenirs dans l'air : *Apollon toujours préside au choix de mes invités*, et dans le duo charmant : *O dolce concento !* dans lequel l'auteur a brodé d'ingénieuses variations sur l'air populaire : *Au clair de la lune.*

L'année 1825 allait être la plus brillante de la carrière de Boïeldieu. Cette année est mémorable dans les fastes de l'histoire musicale en France. Le sacre du roi Charles X a fourni à Chérubini l'occasion d'écrire sa belle messe, dite du Sacre, et à inspirer à Rossini la musique de *Il viaggio à Reims* qui a passé tout entière dans le *comte Ory*; enfin la *Dame blanche* a été représentée à l'Opéra-Comique. Ce chef-d'œuvre d'esprit et de goût figure toujours au premier rang des opéras-

comiques français. Tout s'est transformé au théâtre autour de
cet ouvrage. La vogue des troubadours est passée; la galanterie
est devenue à tort ou à raison chose ridicule; la musique ne
consiste plus depuis longtemps dans un heureux choix de mélodies naturelles et expressives accompagnées avec clarté par
l'orchestre, sans fracas, sans étalage de science, et conçues
généralement dans les tons principaux et d'après les procédés
les plus conformes aux lois de l'oreille. Le genre de l'opéra-
comique s'est modifié complètement. La partie vocale réclame
la virtuosité du grand opéra, l'orchestration y est devenue
aussi chargée, aussi compliquée. Quant au livrets en général,
surtout ceux en trois actes, ils offrent les péripéties les plus
fortes, les plus dramatiques, et ne comportent plus la touche
légère, déliée, délicate, qui caractérise les bons ouvrages de
l'ancien répertoire. Si la *Dame Blanche* est encore aujourd'hui
la planche de salut des directeurs dans l'embarras, si en province comme à Paris cet opéra-comique attire encore la foule,
c'est que les impressions qu'il produit correspondent au caractère permanent de l'esprit français. Aucun compositeur n'a
mieux pratiqué que Boïeldieu cette maxime familière aux gens
de goût : *Glissez, n'appuyez pas.* Une mise en scène agréable,
un soldat aimable, facilement amoureux et non passionné, des
situations qu'on ne prend jamais au sérieux, des épisodes gracieux et variés avec un grain léger de poésie et de sentiment,
une science musicale sans pédanterie et mise à la portée de
tout le monde, une mélodie perpétuelle dans les voix et dans
l'orchestre, tels sont les éléments qui expliquent le succès
constant de l'opéra de la *Dame Blanche*. Tout en ayant l'inspiration facile, Boïeldieu travaillait beaucoup ses ouvrages et
cherchait à leur donner une vérité mélodique absolue. Il refai-
sait plusieurs fois chaque morceau, et ses partitions livrées au
théâtre chargées de ratures attestent le soin qu'il y apportait
et la sévérité de son travail. Ce ne fut qu'après un silence de
sept années qu'il donna son opéra de la *Dame Blanche*. Le

public attendait avec impatience cette nouvelle production de l'auteur du *Calife de Bagdad*, de *Ma tante Aurore* et des *Voitures versées*, et lui fit un accueil enthousiaste. En évoquant cette *Dame Blanche*, on est assailli par une foule de réminiscences charmantes : c'est le chœur d'introduction : *Sonnez, cors et musettes;* c'est l'air de Georges : *Ah! quel plaisir d'être soldat;* c'est la ballade, puis les couplets : *Tournez, fuseaux légers,* la scène de la vente, le chœur : *Chantez, joyeux ménestrels.* Le rôle de Georges a été créé par Ponchard, qui y a laissé de longs souvenirs jusqu'à ce que Roger l'ait repris en lui donnant une ampleur et un caractère qui lui ont valu un de ses plus beaux succès comme chanteur et comme comédien sur les principales scènes de l'Europe.

La santé de Boïeldieu commençait à s'altérer. Il chantait toujours en composant, ce qui le fatiguait beaucoup; en outre, les devoirs de l'enseignement, les conversations interminables au théâtre, les répétitions particulières et générales, toutes ces causes réunies avaient affecté si gravement les organes de la respiration, que le repos était devenu nécessaire au compositeur. Il n'eut pas la sagesse de le prendre à temps. Ses grands succès l'avaient rendu sévère vis à vis de lui-même; craignant que sa prochaine production ne fût ou ne parût inférieure à la *Dame Blanche*, il laissa passer plus de trois ans sans rien donner à l'Opéra-Comique. Pendant ce temps, il travaillait à un nouvel ouvrage, au milieu des souffrances que lui causait une phtisie laryngée. Malheureusement, en écrivant le livret des *Deux Nuits*, Scribe et Bouilly avaient préparé au musicien une tâche très ingrate. Un sujet usé, des ruses de valet, des invraisemblances qui ne sont rachetées par aucune invention piquante, neuve ou même gracieuse, tout semblait réuni pour faire tomber cet opéra qui fut le dernier de Boïeldieu et dont la chute contribua à aggraver la maladie qui l'enleva peu d'années après. Et cependant que de choses charmantes dans cet ouvrage et dignes de l'immortel auteur de la *Dame Blanche!*

Obligé à cause de sa santé de se démettre de ses fonctions de professeur au Conservatoire, l'auteur des *Deux Nuits* obtint une pension de retraite, bien qu'il lui manquât quelques mois de service pour y avoir un droit réglementaire. Charles X y ajouta les libéralités de sa cassette; mais avec la Révolution de 1830 commencèrent les embarras financiers de Boïeldieu. Il se vit enlever cette pension de retraite du Conservatoire, au moment où l'exil des Bourbons le privait de son royal bienfaiteur. A la même époque, l'Opéra-Comique, qui venait de passer sous une nouvelle direction, retira au compositeur la rente de douze cents francs que l'administration précédente lui avait jusque-là servie par reconnaissance pour les chefs-d'œuvre dont il avait enrichi son répertoire. Les inquiétudes causées par ces revers de fortune achevèrent d'altérer sa santé déjà fort compromise. Une pension de 3000 francs lui fut allouée tardivement par le ministre de l'intérieur. Il songea alors à se rendre aux eaux dans les Pyrénées; mais, arrivé à Bordeaux, il se trouva hors d'état de continuer son voyage. Il voulut rendre le dernier soupir dans sa maison de campagne, à Jarcy, près Grosbois; on l'y transporta et il y mourut quelques jours après, le 8 octobre 1834. Ses obsèques eurent lieu dans l'église des Invalides.

Boïeldieu était inaccessible à la jalousie, et, dans une lettre écrite à l'auteur de *Zampa*, on le voit s'indigner contre ceux qui l'ont représenté à tort comme un détracteur de la musique de Rossini. Il fallait bien mal le connaître pour lui prêter des sentiments d'envie à l'égard d'un confrère. Les deux compositeurs ont pendant quelque temps habité la même maison, et y ont entretenu les relations les plus cordiales. Quand bien même Boïeldieu n'eût pas reçu du ciel une âme aimante et sympathique, sa gloire lui suffisait, et n'était-elle pas suffisante?

AUBER

NÉ EN 1782, MORT EN 1871

Auber (Daniel-François-Esprit) naquit à Caen, le 29 janvier 1782, pendant un voyage que ses parents qui habitaient Paris firent en Normandie. Fils d'un riche marchand d'estampes, il fut d'abord destiné au commerce; mais cette profession était peu en harmonie avec une nature attirée vers les études musicales par un instinct irrésistible. Comme la plupart des artistes éminents en tout genre, Auber donna de bonne heure des marques d'une vraie vocation. Le monde, où son esprit le faisait accueillir volontiers, eut les prémices de son talent. Le jeune musicien qui avait appris les éléments de la musique et le piano auprès de Ladurner, habile professeur, s'exerça à composer quelques romances, qui furent tout de suite remarquées dans le cercle d'amateurs et de personnes de goût qu'il fréquentait. Il se livra ensuite à d'heureux essais de musique instrumentale. C'est ainsi qu'il écrivit les concertos de basse qui ont paru sous le nom de son ami le violoncelliste Lamarre, et un concerto de violon exécuté par Mazas au Conservatoire de musique. Désireux de travailler pour le théâtre et sentant combien il lui restait encore à apprendre, on le vit bientôt renoncer à ces succès de société pour se mettre sous la forte direction de Cherubini. Après avoir complété sous un tel maître son éducation musicale, Auber affronta la scène en 1813 par le *Séjour militaire*, opéra-comique en trois actes, joué au théâtre Feydeau. C'était un début peut-être trop hâtif, quoique l'auteur eût alors trente et un ans. Peu de compositeurs ont commencé aussi tard leur carrière lyrique. Mais aucun d'eux, si on en excepte Rameau, n'a regagné aussi brillamment le temps perdu. Le public accueillit donc froidement le *Séjour militaire*. Le compositeur fit alors une retraite prudente et ne se produisit de nouveau qu'au bout de plusieurs années, lorsqu'un changement de fortune l'obligea à demander des ressources à ce qui n'avait été jusque-là qu'une distraction.

La vogue dont le compositeur a joui si longtemps commença seulement avec *la Bergère châtelaine*, opéra-comique en trois actes, joué en 1820, et *Emma ou la promesse imprudente*, autre opéra-comique, dont les paroles sont de Planard. Dans cette phase initiale de son talent à laquelle appartiennent, outre les productions citées plus haut, *Leicester* (1822), la *Neige* (1823), le *Concert à la Cour* (1824), *Léocadie* (1824), le *Maçon* (1825), le *Timide* (1826), *Fiorella* (1826), Auber avait obtenu la célébrité; il conquit la gloire avec la *Muette de Portici*, opéra en cinq actes, qui fut représenté le 29 février 1828.

Ce chef-d'œuvre lyrique est, d'un commun aveu, le chef-d'œuvre du compositeur. Le livret, écrit par Scribe et Germain Delavigne, a pour sujet, comme on sait, l'élévation et la chute de Masaniello, mais l'introduction au théâtre et dans un opéra d'une jeune fille muette a été une inspiration aussi heureuse qu'elle était hardie. La partition de la *Muette* est d'une richesse extrême. Airs, duos, prières, cavatines, barcarolles, chœurs, airs de danse, orchestration, tout a du caractère et est du plus grand effet.

La variété du rhytme, l'originalité de l'harmonie, la vivacité constante et toute française de l'expression sont les qualités principales qui distinguent cette œuvre. Il n'y a pas non plus d'opéra qui renferme des airs de ballet plus gracieux et plus entraînants, si ce n'est celui de *Guillaume Tell*.

Après cet ouvrage qui date de plus d'un demi-siècle et dont

AUBER.

le succès n'est pas encore épuisé, Auber revint à l'Opéra-Comique et y donna *la Fiancée*, trois actes, dont Scribe, son collaborateur assidu depuis *Leicester*, avait encore écrit le livret (10 janvier 1829).

Que n'a-t-on pas dit sur la collaboration de Scribe et d'Auber? Loin de partager l'opinion généralement adoptée, j'ai toujours remarqué au contraire le plus complet désaccord dans leurs facultés, dans leur manière de sentir et d'exprimer leurs idées. Autant le musicien est gracieux, élégant, original, distingué dans les moindres détails, autant le librettiste est commun, bourgeois dans le sens abaissé du mot, dépourvu de toute fraîcheur dans les idées et dans les sentiments. Chaque reprise de leurs anciens ouvrages fait ressortir le contraste entre la musique et le livret; il est rare que le dernier soit supportable; l'autre est toujours entendue avec plaisir.

De 1820 à 1830, les compositions d'Auber se font remarquer par la simplicité de la conception, par la naïveté de la mélodie: *la Bergère châtelaine*, *le Maçon* et *la Fiancée* sont les principaux types de cette première manière dont Auber se dégage tout à coup dans *la Muette*.

Pendant la décade suivante (1830-1840), les œuvres du maître se distinguent par la variété des effets, la science des combinaisons du rhytme, la finesse des détails de l'orchestration, une harmonie piquante et originale, par le *brio*, la verve spirituelle. C'est *Fra Diavolo ou l'Hôtellerie de Terracine*, opéra-comique en trois actes (8 janvier 1830), qui inaugure cette seconde manière. Le livret est un des plus divertissants de Scribe, et la partition une des meilleures d'Auber. Le temps n'a pas défraîchi ces mélodies, et c'est là assurément le signe d'une véritable originalité.

Le Dieu et la Bayadère, opéra-ballet en trois actes représenté à l'Académie royale de musique le 13 octobre 1830, contient une ouverture qui est une des jolies pièces instrumentales du compositeur.

Le *Philtre*, opéra en deux actes représenté à l'Académie royale de musique en 1831, n'est, comme livret, qu'une bluette assez mince qui paraît déplacée sur notre première scène lyrique. Le faible intérêt du sujet ne réclame pas le déploiement des chœurs du grand opéra et la solennité de son orchestre. Mais la partition ne laisse pas que de porter l'empreinte des qualités qui distinguent toutes les œuvres du compositeur. Le véritable cadre qui convient à cet ouvrage est celui du théâtre de l'Opéra-Comique. C'est là, et non point à l'Opéra, qu'on peut entendre avec plaisir l'air du charlatan : *Approchez tous, venez m'entendre;* celui de :

Je suis sergent,
Brave et galant,
Et je mène tambour battant
Et l'amour et le sentiment.

et la barcarolle en duettino : *Je suis riche, vous êtes belle.*

La nécessité de faire un choix au milieu de tant de richesses nous oblige à passer rapidement sur *le Serment* (1832), *Gustave III* (1833), *Lestocq* (1834), *le Cheval de bronze* (1835), *Actéon* (1836), *les Chaperons blancs* (1836).

L'Ambassadrice (1836) doit cependant nous arrêter un moment. C'est un bijou que cette partition. L'enjouement, la tendresse, un peu de marivaudage, la musique exprime tout cela avec une mesure et un tact exquis.

Le *Domino Noir*, joué le 2 décembre 1837, marque le point culminant du talent d'Auber dans sa seconde manière. Le scénario écrit par Scribe est des plus compliqués, et ne manque pas d'intérêt, en dépit des invraisemblances et des inconvenances qui y abondent. La partition est la plus originale qu'ait composée le maître. Nulle part il ne s'est plus abandonné à sa fantaisie charmante et à sa grâce mélodique. Les deux romances : *Le trouble et la frayeur* et *Amour, viens finir mon supplice* sont d'une suavité et d'une distinction enchanteresses ; les couplets : *Une fée, un bon ange* ont les mêmes qualités ; ceux de dame Brigitte : *S'il est sur terre* ont de la rondeur et de l'entrain, ceux d'Inésille : *D'où venez vous, ma chère,* beaucoup d'ingénuité ; le grand air et les couplets syllabiques : *Ah ! quelle nuit !* peignent avec esprit les émotions de l'imprudente abbesse. Le cantique avec chœur : *Heureux qui ne respire* est de nature à désarmer les esprits timorés qui seraient tentés de reprocher aux auteurs d'avoir traité avec trop de légèreté les choses saintes. L'emploi qu'Auber a fait des rhytmes de la musique espagnole donne à l'ensemble de la partition une couleur locale fort bien appropriée au sujet.

Cette série de compositions, qui se continue par *le Lac des Fées* (1839), *Zanetta* (1840), *les Diamants de la Couronne* (1841) et *le Duc d'Olonne* (1842), avait placé Auber au premier rang des maîtres de la musique piquante, gracieuse et spirituelle, quand l'inspiration de l'artiste s'ouvrit tout à coup des horizons nouveaux. La troisième évolution d'un génie qui paraissait avoir atteint sa forme définitive date de la représentation de *la Part du Diable* (1843). Cette partition découvre des trésors d'émotion réelle, de sensibilité vraie et, pour tout dire, de passion, qu'on avait pas soupçonnés jusque-là chez l'ingénieux et brillant auteur de *Fra Diavolo* et du *Domino Noir*. Cette troisième phase de la carrière de Auber n'est pas celle qui lui a procuré le moins d'admirateurs ; l'ouvrage a une teinte générale de mélancolie douce qu'on ne trouve pas, je le répète, dans les précédentes œuvres du compositeur.

La *Sirène* (1844) et la *Barcarolle* (1845) appartiennent au même sentiment musical que *la Part du Diable*. Mais c'est dans *Haydée*, drame lyrique en trois actes, représenté en 1847, que le talent rajeuni du chef de l'École française arrive à sa plus grande hauteur. Par bonheur, le livret ici n'était pas ingrat. Scribe avait arrangé des situations émouvantes sur une donnée assez neuve et originale. Il n'en fallut pas plus au musicien pour écrire une de ses plus riches partitions. L'effet général en est dramatique et parfaitement approprié à la nature du sujet. L'inspiration y circule abondamment; l'instrumentation est colorée, toujours élégante, et l'harmonie ne manque ni de nouveauté ni d'effet. Après l'ouverture, dans laquelle on remarque un charmant solo de hautbois, des morceaux assez peu développés, mais d'un intérêt mélodique soutenu, se succèdent pendant tout le premier acte. La chanson *Enfants de la noble Venise* est énergiquement rhytmée; les couplets chantés par Haydée : *Il dit qu'à sa noble patrie*, sont d'une grâce exquise. Quant à la romance de basse : *A la voix séduisante, au regard virginal*, la déclamation en est vraie et la mélodie d'une rare distinction. Roger, qui a créé le rôle de Lorédan, déployait un talent d'expression admirable dans la scène du rêve, si riche de détails et si puissamment dramatique. Les morceaux les plus saillants du second acte sont l'air de Rafaela qui reproduit le solo de hautbois de l'ouverture, et la charmante barcarolle : *C'est la corvette*, chantée par Haydée avec accompagnement du chœur de matelots. Le troisième acte offre encore deux bons duos et une jolie barcarolle. Le grand duo de Lorédan et de Malipieri : *Je sais le débat qui s'agite*, est assurément un morceau inspiré d'un bout à l'autre.

Auber fut moins heureux dans *l'Enfant prodigue* (1850) et dans *Zerline ou la Corbeille d'oranges* (1851), deux opéras joués à l'Académie nationale de musique. On peut dire du premier de ces ouvrages que le musicien aurait pu tirer un bien meilleur parti de la parabole évangélique.

Le fécond compositeur revint alors au théâtre accoutumé de ses succès avec *Marco Spada* (1852), *Jenny Bell* (1855) *Manón Lescaut* (1856), ouvrages médiocres. Parvenu à l'âge où tant d'autres se reposent, Auber ne semblait pas connaître la viellesse. *La Circassienne* (1861) est le dernier ouvrage auquel Scribe ait mis la main. Heureusement qu'Auber n'en avait plus en portefeuille. Le poème est l'un des plus absurdes qu'on ait représentés sur la scène, mais la partition renferme beaucoup de jolis morceaux ; *la Fiancée du roi de Garbe* (1864) n'eut aucun succès.

Le premier jour de bonheur, représenté en 1868, a été pour Auber son dernier jour de gloire au théâtre. Cette jolie partition a mis en circulation plusieurs mélodies charmantes, comme aux beaux jours de *la Neige* et de *la Fiancée*. C'est d'abord, au premier acte, la romance chantée par Capoul :

> Attendons, attendons encore
> Notre premier jour de bonheur.

Ensuite, au deuxième acte qui renferme un chœur excellent, la ballade des Djinns, devenue tout de suite populaire ; l'effet est produit par une vocalise fort simple qui rappelle une formule employée dans les premiers ouvrages du maître, sur une note de cor formant quinte avec une pédale ; enfin, au troisième acte, un nocturne à deux voix. Un succès si engageant décida l'infatigable compositeur à tirer de ses cartons des matériaux qui lui servirent à faire la partition d'un nouvel opéra. *Un rêve d'amour* fut représenté en 1869. Mais cette fois l'accueil fut plus réservé.

En attendant le suffrage de la postérité, l'illustre auteur de tant de chefs-d'œuvre lyriques a obtenu des contemporains les distinctions les plus hautes. Il était membre de l'Institut, commandeur de la Légion d'honneur ; il succéda à Chérubini comme directeur du Conservatoire et dirigea la musique de la chapelle de l'Empereur. Malgré tant d'occupations, il savait organiser sa vie de telle sorte qu'il a pu consacrer au travail de la composition plusieurs heures par jour. Il vivait très sobrement et a joui toute sa vie d'une santé parfaite.

Auber était resté à Paris pendant le siège. Il dut changer ses habitudes. Sa distraction favorite consistait à aller faire chaque jour une promenade dans son coupé au bois de Boulogne, ou à pied sur les boulevards. De ses chevaux, Almaviva et Figaro, l'un fut réquisitionné et mangé ; l'autre fut plus tard soustrait à la voyoucratie de la Commune en passant au coupé élégant à l'attelage d'une charrette de Saint-Denis. Le maître occupa ses loisirs solitaires à écrire des petits quatuors pour instruments à cordes. Un genre d'existence aussi assombri et le dégoût légitime que lui inspirait tout ce qui se passait autour de lui dans notre malheureux Paris opprimé par une bande de scélérats, abrégèrent certainement ses jours. Ses forces diminuèrent sensiblement, et, le 12 mai, pendant que le canon ébranlait tout le quartier de ses coups redoublés, il rendit le dernier soupir. Pour éviter le scandale du corbillard à drapeaux rouges de la Commune de Paris, des amis firent transporter son corps dans un fiacre et le déposèrent secrètement dans les caveaux de l'église de la Trinité, où l'on attendit que l'ordre fût rétabli. Les obsèques eurent lieu le 15 juillet.

Chez Auber, le scepticisme n'était qu'apparent. Il a aimé la musique toute sa vie et lui a tout sacrifié, trop peut-être ; car il s'est montré indifférent à tout ce qui ne s'y rapportait pas exclusivement. Si son influence comme directeur du Conservatoire n'a pas été aussi active, aussi féconde qu'on l'eût désiré, il a donné aux élèves l'exemple d'un travail constant, persévérant, opiniâtre jusqu'à sa dernière heure, comme l'ont fait aussi ses collègues Fétis et Mercadante, enlevés ainsi que lui aux Conservatoires qu'ils dirigeaient dans un âge très avancé, et à quelques mois de distance. Un témoin oculaire de ses derniers moments m'a raconté que de sa main défaillante il faisait le geste d'écrire, tant cette habitude était constante chez lui.

Je crois qu'au fond de l'âme de ce grand musicien il y avait autre chose que cette indifférence que l'homme extérieur laissait supposer aux regards superficiels et frivoles de son entourage. Ne jugeons pas le cœur de l'arbre d'après l'écorce.

Auber n'a jamais connu l'ardeur de ces ambitieux qui s'appuient sur des coteries pour parvenir, qui simulent des affections trompeuses ; Auber n'a jamais intrigué pour supplanter un rival. Il a rempli ses devoirs de directeur, de professeur et d'homme social exactement, sans faste et avec droiture.

HÉROLD

NÉ EN 1791, MORT EN 1838

Hérold fut un compositeur gracieux, souvent inspiré, toujours intéressant et ingénieux. Son instrumentation est fine, fringante et colorée. Possédant à fond toutes les ressources de son art, il écrivit d'excellente musique sur les sujets qui lui étaient proposés, et il ne lui a peut-être manqué pour atteindre à la perfection, que d'être un peu moins musicien. Ce reproche, étrange à première vue, demande une explication. Je veux dire qu'attentif à rendre les situations d'un livret par les moyens que lui suggéraient un sens exquis, sa veine mélodique inépuisable et son habileté consommée, l'auteur de *Marie*, de *Zampa* et du *Pré aux Clercs* n'a point ce vigoureux coup d'aile qui emporte un génie puissant hors des limites étroites où le librettiste prétendait circonscrire son vol. Ses opéras laissent l'oreille charmée, le cœur ému, l'intelligence satisfaite; mais il leur manque l'*au-delà*, l'ouverture sur l'infini.

Je constate ce qu'Hérold a été, non ce qu'il aurait pu être si une mort prématurée ne l'eût enlevé à l'âge de quarante-deux ans, au moment où son talent, arrivé à la pleine conscience de lui-même, promettait de nombreux chefs-d'œuvre à nos scènes lyriques. Si courte qu'ait été sa vie, le regrettable maître n'en a pas moins la gloire d'avoir élevé de plusieurs échelons le genre de l'opéra-comique. On sait ce qu'était la musique de l'ancien Feydeau : gaie, vive, primesautière, avec un grain de sensibilité conventionnelle qui était comm e l'uniforme du lieu. Tout en s'appropriant les qualités du vieux répertoire, l'auteur de *Jean de Paris* et de *Beniowski* avait déjà essayé de les modifier par un mélange d'accents plus sentis, plus *humains*, moins artificiels. Il était réservé au successeur de Boïeldieu, à l'élève de Méhul, de poursuivre cette révolution, et sur une scène vouée jusque-là au rire facile, aux larmes vite essuyées, de faire prédominer la note émue, vibrante, passionnée. A cet égard, *Zampa* et le *Pré aux Clercs* sont plus que des chefs-d'œuvre, ce sont des dates qu'il ne faut pas perdre de vue, si l'on veut se rendre compte du chemin que l'Opéra-Comique, infidèle à ses origines, a parcouru depuis les Philidor et les Grétry jusqu'à nos jours.

Ferdinand Hérold naquit à Paris le 28 janvier 1791, d'une famille qui, depuis plusieurs générations, cultivait la musique. Son père, professeur de piano distingué, avait été l'élève de Charles-Emmanuel Bach. L'enfant ne tarda pas à entendre la voix du sang; dès l'âge de six ans, guidé par son instinct, il composait de petites pièces pour le clavecin. En même temps, il faisait preuve de l'intelligence la plus ouverte et la plus heureuse. A l'institution Hix, où il fut mis à l'âge de onze ans pour faire ses études classiques, il figura constamment parmi les plus *forts* de sa classe, et remporta quatorze prix depuis la sixième jusqu'à la rhétorique; tout cela sans préjudice de ses progrès en musique. Il étudiait alors le piano avec son parrain, Louis Adam (père de l'auteur du *Châlet*), et suivait un cours de solfège fait par Fétis dans l'institution.

Hérold, ayant perdu son père au mois de septembre 1802, ce malheureux évènement faillit le détourner de la voie où il devait s'illustrer, car, livrée à ses seules inspirations, c'est-à-dire à celles d'une tendresse inquiète, Mme Hérold craignit pour son fils les chances incertaines de la voie artistique, et parut plus disposée à lui chercher un emploi dans une carrière admi-

HÉROLD.

nistrative qu'à encourager ses goûts naissants. Mais, avant de rien décider, on eut la bonne pensée de consulter Grétry sur la valeur d'une composition que le jeune élève de l'institution Hix avait fait entendre à la distribution des prix. L'illustre compositeur calma les anxiétés de la pauvre veuve en se portant garant du bel avenir musical réservé à son fils. Celui-ci reprit le cours de ses études classiques, et, après les avoir terminées. il entra au Conservatoire le 6 octobre 1806.

Cet établissement comptait alors beaucoup de professeurs excellents : c'étaient Louis Adam pour le piano, Catel pour l'harmonie, Fétis pour le solfége, Kreutzer aîné pour le violon. En 1810, Hérold remporta le premier prix de piano en exécutant, chose remarquable, une sonate dont il était l'auteur. Au mois d'avril de l'année suivante, il étudia la composition avec Méhul, à qui il garda toujours les plus vifs sentiments de reconnaissance et d'affection respectueuse. Le jeune homme entra en loge en 1812 et concourut pour le grand prix de Rome. Après avoir triomphé de ses rivaux par une cantate intitulée : *Mademoiselle de la Vallière*, il se rendit en Italie (novembre 1812). De Rome, où il resta environ un an, il alla à Naples. Sa qualité de Français le fit bien accueillir dans la capitale du roi Joachim, et il donna même des leçons de musique aux princesses de la famille royale. Tourmenté par un besoin irrésistible de produire, le jeune artiste ne craignit pas de donner un opéra italien dans une ville où les Paisiello et les Zingarelli régnaient par le souvenir de leur gloire passée, et où le compositeur en vogue était Meyer, qui devait bientôt s'éclipser devant Rossini. Tant de hardiesse n'était pourtant point de la témérité; la preuve, c'est que l'évènement lui donna raison.

En effet, la *Gioventù d'Enrico Quinto*, opéra-bouffe en deux actes représenté à Naples en 1815, est bien accueillie. Hérold repart pour Rome, où il s'arrête à peine quelques jours pour assister aux cérémonies de la semaine sainte et de Pâques.

Quand il a entendu les magnifiques offices de la Sixtine, le voilà de nouveau en route, et bientôt on le retrouve à Venise. Il semble mettre une sorte de précipitation à fuir l'Italie, tout entier à sa soif d'admirer sur place les chefs-d'œuvre de Beethoven et de Mozart. Dans la capitale des Habsbourg, Hérold fut sur le point de se voir interdire le séjour de la ville, faute de papiers qui établissent son identité. Pour sortir d'embarras, il s'adressa à Salieri, qui le présenta au prince de Talleyrand. Les difficultés s'aplanirent dès que notre chargé d'affaires eut pris en main la cause de son compatriote, et le musicien put dorénavant se livrer à l'étude des maîtres germaniques, sans crainte d'être troublé au milieu de ses chères occupations par un arrêté d'exclusion.

Après trois années d'études (1812-1815), le futur auteur du *Pré aux Clercs* revint à Paris, ne rêvant plus qu'un livret qui lui permît de se manifester au public.

Boïeldieu lui proposa de collaborer à l'opéra de *Charles de France.* C'était un ouvrage destiné à célébrer le mariage du duc de Berry. Qu'on se figure la joie d'Hérold, hier dévoré par une activité qui ne trouvait point d'issues, abattu, découragé, aujourd'hui associé aux inspirations d'un maître glorieux et, sous le couvert d'un tel patronage, faisant son apparition sur la scène française. Jamais depuis il n'oublia celui qui avait été le premier instrument de sa fortune, et la vive gratitude qu'il témoigna toujours à Boïeldieu n'est pas un des traits les moins honorables de sa trop courte carrière.

Charles de France fut représenté à l'Opéra-Comique, le 18 juin 1816. Je n'ai pas à parler ici de succès. Ces pièces de circonstance réussissent toujours. Leur aurore est brillante, mais elles n'ont pas de lendemain. Qu'importait d'ailleurs au jeune compositeur? L'essentiel, c'était que le premier pas fût fait. Maintenant les librettistes accourent à lui et, sur un livret de Théaulon, il écrit la partition des *Rosières*, opéra-comique en trois actes donné à Feydeau le 27 janvier 1817. Dans l'année de sa représentation, cet ouvrage a été joué quarante-quatre fois, chiffre considérable pour le temps. Des qualités qui plus tard se sont fort accrues s'y montrent déjà plus qu'en germe.

L'auteur dédia sa partition à Méhul. Il entreprit ensuite la musique de *la Clochette*. L'histoire de cette clochette, mise en trois actes par Théaulon, n'est autre que celle de la *Lampe merveilleuse*, légèrement déguisée. Pour employer le langage d'une feuille de l'époque, le son argentin de *la Clochette* attira la foule. En apprenant, sur son lit de mort, le succès de *la Clochette*, Méhul s'écria : « Je puis mourir; je laisse un musicien à la France. » Hérold obtint peu après la place de pianiste accompagnateur au Théâtre-Italien.

Le peu de temps libre que lui laissèrent ces nouvelles fonctions, il l'employa à composer de la musique de piano, et semblait avoir renoncé à la carrière dramatique. En 1821, il fut chargé d'aller en Italie recruter des chanteurs pour notre scène lyrique italienne. C'est à lui que la génération de la restauration doit d'avoir entendu à Paris la Pasta et Galli. Après s'être acquitté d'une mission délicate avec l'intelligence d'un artiste et la loyale probité d'un honnête homme, Hérold, à qui le repos commençait à peser, accepta de Paul de Kock le livret du *Muletier;* cet ouvrage, fortement assaisonné de sel gaulois, fut représenté à Feydeau, le 12 mai 1823. Le succès, d'abord contesté, puis définitif, fut exclusivement pour le musicien, qu'il consola de quelques chutes. Le 8 septembre de la même année parut, à l'Opéra, *Lasthénie*. M. de Chaillou en avait tiré le sujet des *Voyages d'Anténor en Grèce*, par M. de Lantier. La pièce était froide et dépourvue de situations musicales. Elle fut sifflée, mais la partition, où brillent quelques morceaux remarquables, ne fit aucun tort à la réputation du maître. Il fut chargé, peu après, conjointement avec Auber, d'écrire la musique de *Vendôme en Espagne*, ouvrage donné le 5 décembre 1823 à l'Opéra, à l'occasion des succès remportés par le duc d'Angoulême sur l'armée de la révolution espagnole.

Au début de sa carrière, l'élève de Méhul n'avait qu'un goût médiocre pour les maîtres italiens; on se rappelle son empressement à aller demander des modèles à l'Allemagne. Une transformation s'opéra dans ses idées, après que ses fonctions au Théâtre-Italien lui eurent permis de s'initier plus complètement aux chefs-d'œuvre de Rossini, chefs-d'œuvre qu'il n'avait fait qu'entrevoir pendant son séjour au delà des Alpes. L'influence rossinienne, sensible dans plusieurs des opéras précédents d'Hérold, se reconnaît encore dans plus d'un endroit de *Marie*, la première en date des trois productions immortelles de notre musicien (12 août 1826). Ne soyons pas surpris si Hérold, sur un sujet simple, tour à tour gracieux et touchant, n'a songé qu'à écrire une musique d'un caractère frais, suave, et empreinte d'une exquise sensibilité. Il a su se renfermer dans les bornes qui lui étaient tracées par la nature du livret, et il a bien fait. Ne lui demandons rien de plus et contentons-nous d'admirer avec tout le monde la délicieuse cavatine : *Une robe légère*, l'aimable barcarolle : *Batelier, dit Lisette*, la romance : *Je pars demain, il faut quitter Marie*, l'air : *Comme en notre jeune âge*, enfin les couplets naïfs : *Sur la rivière*, morceaux qui ont tous été populaires, et dont plusieurs le sont restés.

Hérold avait quitté sa position d'accompagnateur au Théâtre-Italien pour celle de chef des chœurs à l'Opéra. En 1827, l'administration de ce théâtre le promut à l'emploi de directeur du chant. C'est en cette qualité qu'il prit une part considérable à la mise en scène du *Comte Ory* et de *Robert le Diable*. Durant l'exercice de ses fonctions, il composa également, de 1827 à 1830, six ballets : *Astolphe et Joconde* (1827), la *Somnambule* (1827), *Lydie* (1828), *la Fille mal gardée* (1828), la *Belle au bois dormant* (1829) et les *Noces de village* (1830). Ozaneaux ayant écrit pour l'Odéon un drame en trois actes intitulé *le*

Dernier jour de Missolonghi, Hérold fit pour cet ouvrage, représenté le 10 avril 1828, une ouverture, des chœurs et plusieurs autres morceaux. Mais le chantre délicat de *Marie* ne sut pas s'élever ici aux accents héroïques que le sujet comportait ; d'ailleurs il avait affaire à forte partie. C'était une terrible tâche que d'entrer en concurrence avec Rossini qui, deux ans auparavant, avait fait jouer le *Siège de Corinthe*. Dans cette lutte trop inégale, le vaincu était sûr au moins de ne pas être diminué par sa défaite. Entre *le Dernier jour de Missolonghi* et *Zampa* se placent deux opéras-comiques, *l'Illusion* et *Emmeline* (1829), qui, en dépit de nombreuses beautés musicales, ne réussirent point, parce que le public ne put s'intéresser aux livrets. Je ne cite que pour mémoire un petit acte auquel Hérold travailla avec Carafa, *l'Auberge d'Auray*, représentée à la salle Ventadour le 11 mai 1830. La pièce n'avait été écrite que pour faire valoir le talent de l'actrice anglaise miss Smithson, qui a épousé Hector Berlioz.

Nous touchons au terme de la vie du maître, à cette heure, où, près de quitter la terre, il lui laisse pour adieux deux admirables partitions : *Zampa* et *le Pré aux Clercs*. La première, entendue d'abord à l'Opéra-Comique le 3 mai 1831, est restée constamment au répertoire, et on l'entend toujours avec plaisir.

L'ouverture de cet opéra est une suite de motifs les plus brillants et les mieux orchestrés, mais empruntés au chant, suivant l'usage que Boïeldieu a, un des premiers, mis en vigueur et qui depuis a été suivi par beaucoup d'autres. Au premier acte, l'oreille de l'auditeur ne cesse pas un instant d'être captivée. Après le joli chœur des jeunes filles : *Dans ses présents que de magnificence*, Camille chante un air dont la première phrase est charmante : *A ce bonheur suprême*. La ballade à laquelle le timbre des clarinettes donne un caractère légendaire et naïf, le trio accompagné d'un *sol passo* si vif, le quatuor majestueux : *Le voilà ! que mon âme est émue !* le meilleur morceau de l'ouvrage avec le duo du troisième acte, et enfin le finale : *Au plaisir, à la folie*, d'une grande variété d'effets, telle est la partie musicale du premier acte. Le second n'est pas moins riche. Tout le monde connaît le suave cantique pour trois voix de femmes : *Aux pieds de la Madone*, ainsi que l'air : *Il faut céder à mes lois*. Le duo de la reconnaissance : *Juste ciel! c'est ma femme!* est plein d'entrain, d'intelligence scénique et de bon goût. Hérold, livré à lui-même et non surexcité par une situation dramatique imposée, était mélancolique. On saisit parfaitement ce côté de son caractère dans ce passage du duo : *Hélas! ô douleur! il me croit infidèle!* comme aussi dans la barcarolle du troisième acte : *Où vas-tu, pauvre gondolier?* la ronde : *Douce jouvencelle*, bien encadrée dans le chœur, a été populaire; on est moins frappé du commencement du finale, mais le compositeur se relève à la strette : *Tout redouble mes alarmes*, où le *fa* naturel sur le *mi* pédale commence une de ces phrases inspirées qui suffisent pour prouver le génie. La barcarolle dont j'ai déjà parlé et une sérénade chantée discrètement par le chœur ouvrent le troisième acte. Il ne me reste plus qu'à rappeler le célèbre duo : *Pourquoi trembler?* entre Camille et Zampa. La puissance dramatique et l'expression passionnée sont poussées au comble dans ce morceau.

Le 15 décembre 1832, eut lieu à l'Opéra-Comique la première représentation du *Pré aux Clercs*. La mode était alors au seizième siècle, qu'on prenait naïvement dans le public pour le moyen âge. Aucune époque de l'histoire n'est plus propre que la Renaissance à fournir ces sujets lyriques. Le raffinement et l'élégance des Valois unis à la violence des passions de ce temps se prêtent merveilleusement aux plaisirs délicats, comme aux émotions du théâtre.

Le temps n'était plus où le maître cherchait à tâtons sa voie, oscillant entre les Allemands et les Italiens; depuis *Zampa*, il est entré en possession de son individualité; il est lui; il n'appartient ni à Rossini ni à Weber. Les procédés de l'un et de l'autre, il se les est assimilés, mais il en dispose librement, arrivé qu'il est à cet éclectisme heureux qui concilie la mélodie, l'harmonie et l'expression. Dans un ouvrage où tout est à citer, je me bornerai à rappeler l'ouverture en *sol* mineur, où l'on remarque une fuguette délicieuse, puis un chant large et puissant d'une originalité soutenue; le duo si connu : *Les rendez-vous de noble compagnie*; l'air de Mergy : *O ma tendre amie*, et la touchante romance : *Souvenirs du jeune âge*, dans le premier acte; au second, l'air d'Isabelle : *Jours de mon enfance!* et le trio : *Vous me disiez sans cesse : pourquoi fuir les amours?* Dans le troisième acte, on distingue, entre autres morceaux qui sont des chefs-d'œuvre, la ronde si populaire : *A la fleur du bel âge*; le trio : *C'en est fait, le ciel même*; le chœur : *Que j'aime ces ombrages*, le trio scénique du duel, le quatuor d'une demi-teinte délicieuse : *L'heure nous appelle*; enfin la scène du bateau, où le récit des violoncelles produit un des plus grands effets qui existent au théâtre. Le succès du *Pré aux Clercs* fut immédiat.

Hérold s'était beaucoup fatigué pendant qu'il faisait répéter son opéra. Miné, depuis plusieurs années, par une maladie de poitrine dont son père lui avait transmis le germe, il aggrava ainsi son état qui, en peu de semaines, devint désespéré. Il expira le 19 janvier 1833, non moins regretté pour ses belles qualités privées que pour son talent, qui lui assignait une place au premier rang des compositeurs. Une partition d'opéra intitulée *Ludovic* qu'il avait laissée inachevée fut terminée par Halévy.

L'auteur de *Marie* s'était marié en 1827. De ce mariage naquirent trois enfants, dont un fils qui, après s'être fait un nom distingué dans le barreau, a embrassé la carrière politique.

ROSSINI

NÉ EN 1792, MORT EN 1868

S'appeler Rossini, c'est avoir fait *Moïse* et le *Barbier de Séville*, *Guillaume Tell* et le *Comte Ory* ; c'est avoir été doué d'une des plus complètes organisations musicales que l'on connaisse. D'autres compositeurs, les Meyerbeer, les Weber, peuvent être comparés à ces mineurs qui, la pioche à la main, arrachent des entrailles de la terre un métal précieux : Rossini est une source d'où s'écoulent en abondance et sans obstacle or et diamants ; comme les grands poètes Shakespeare, Corneille, Molière et Racine, il sait prendre à merveille le tour tragique et le tour comique. Toutes les nuances, tous les sentiments ont leur expression dans son œuvre, où, si l'on rencontre le trio de *Papatacci*, on trouve aussi celui de *Guillaume Tell*.

Gioacchino Rossini naquit le 29 février 1792, à Pesaro, dans la Romagne. Son père, Giuseppe Rossini, exerçait la profession de *tubatore* ou trompette de ville, qu'il cumulait avec l'emploi d'inspecteur de la boucherie. Sa mère, Anne Guidarini, avait été très belle et possédait une voix remarquable. Lorsque, en 1796, l'armée française, qui venait de faire la campagne d'Italie, passa à Pesaro, Giuseppe Rossini, dont la tête était chaude, s'enthousiasma pour les idées nouvelles importées au delà des monts par les troupes de la République. La vivacité de son langage et ses imprudences furent telles, que les autorités de la ville, après le départ des Français, l'en punirent, d'abord en

lui ôtant ses fonctions de *tubatore*, puis en le faisant incarcérer
(1798). Madame Rossini prit alors une résolution hardie que lui
dicta l'amour maternel. Restée seule à pourvoir à l'entretien
de son enfant pendant la captivité de son mari, elle se rendit
à Bologne et s'engagea comme chanteuse de théâtre par l'entremise d'une des nombreuses agences dramatiques qui fonc-
tionnaient dans cette ville. Malgré l'extrême précocité de son intelligence, Rossini était, dès ses jeunes années, trop léger et trop
dissipé pour s'adonner sérieusement à l'étude. Il n'était pas jusqu'à son maître de piano, Prinetti, qui n'eût à se plaindre de
son peu d'application. Sur ces entrefaites, le *tubatore* sortit de
prison et dès lors il concourut à l'orchestre comme premier
cor aux représentations qui mettaient en évidence le talent vocal
de sa femme. Mais quand il apprit que son héritier savait à peine
lire et écrire, qu'il était rebelle aux enseignements de l'honnête
Prinetti, le père irrité songea à lui donner une sévère leçon
et, à cette fin, le mit en apprentissage chez un forgeron. Le
châtiment produisit bientôt l'effet espéré. Revenu à de meilleurs sentiments, touché surtout par les larmes de sa mère
qu'il a toujours aimée de l'affection la plus tendre, Rossini
s'appliqua au travail avec une ardeur qui, depuis, ne s'est
jamais démentie, en dépit du préjugé répandu sur la prétendue
paresse du grand compositeur.

L'enfant étudia le chant et l'accompagnement sous la direction de D. Angelo Tesei. Le moment allait bientôt venir où il
serait, encore enfant, le soutien de sa famille, car Madame Rossini dut, au bout de peu de temps, quitter la scène par suite
d'une maladie qui nécessita l'amputation des amygdales. Heureusement, le futur maestro avait une charmante voix de soprano, et il trouva moyen de l'utiliser en chantant au chœur
dans les églises. Les quelques *paoli* qu'il touchait dans cet
emploi lui aidèrent à gagner sa vie bien modestement ; il pour-
suivait ses études avec Tesei et acquérait des notions de littérature dans la conversation de l'ingénieur Giusti, un des hommes

de Bologne les plus distingués par son savoir et son intelligence. sans avoir subi la discipline de l'éducation classique, Rossini a su s'instruire au point de n'être étranger à aucun ordre d'idées, et cela par le parti que son esprit ouvert et facile a su tirer du commerce des personnes éminentes en tout genre. Devenu accompagnateur habile, l'enfant suivit son père dans ses tournées dramatiques. C'était encore l'occasion de gagner quelques *paoli*, dont ses parents avaient grand besoin. Sa réputation naissante de virtuose le fit aussi admettre à la société philarmonique des *Concordi* de Bologne, où on le voit diriger l'exécution de l'oratorio des *Saisons*, de Haydn.

Cependant l'époque de l'adolescence arrivait, époque fatale pour les voix de soprano, et l'enfant de chœur était menacé de perdre son emploi. C'est alors qu'il entra au lycée de Bologne dans la classe de contrepoint du P. Stasnislas Mattei (20 mars 1807). Il étudia en même temps le violoncelle avec don Cavedagni, sans négliger son métier d'accompagnateur, ou, comme on dit en Italie, de *maestro al cembalo*. Toutefois il ne paraît pas que l'élève du P. Mattei ait beaucoup goûté alors les arides enseignements de ce professeur; les études scolastiques ne s'adressaient qu'à sa mémoire, sans rien dire à son esprit ni à son cœur; de là peut-être le peu de goût que ce mélodieux génie a montré pour la fugue.

Le jeune Rossini fut chargé d'écrire la cantate annuelle qu'on était dans l'habitude de confier au meilleur élève du lycée. Cet ouvrage, le premier du maître, alors âgé de 16 ans, était intitulé : *Pianto d'armonia per la morte d'Orfeo*, et fut exécuté en 1808.

Le P. Mattei aurait volontiers cultivé pour l'Église les dispositions du jeune artiste; mais celui-ci s'en souciait peu, et lorsqu'il eut acquis la conviction qu'il en savait assez pour faire un opéra, il prit sa volée, résolu à entrer dans la carrière dramatique, vers laquelle l'attiraient et la vocation de son talent et les traditions domestiques. Sa mère avait été une *prima donna*, son père était corniste : il devait être compositeur d'opéras.

ROSSINI.

Rossini se livra alors à un travail d'arrangement considérable et patient sur les quatuors d'Haydn. Il les analysa, en étudia à fond les combinaisons, les procédés de modulation et de rhytme, les réduisit pour le piano et puisa dans ce laborieux commerce avec le père de la symphonie les connaissances dont il fit lui-même un si merveilleux usage.

Le marquis Cavalli, qui dirigeait à la fois l'opéra de Sinigaglia et le de San Mosè Venise, proposa au musicien, alors âgé de dix-huit ans, de faire jouer un ouvrage de sa composition à ce dernier théâtre. Rossini écrivit la partition et les paroles d'un opéra-bouffe en un acte intitulé *la Cambiale di matrimonio*, qui fut joué en 1810. On lui compta deux cents francs, dont il envoya, tout joyeux de ce succès, la plus grande partie à ses pauvres parents, puis il revint à Bologne, où il composa, en 1811, sa cantate de *Didone abbandonata* pour Esther Mombelli. L'*Equivoco stravagante*, opéra-bouffe écrit la même année pour le théâtre del Corso de Bologne, obtint un franc succès.

L'*Inganno felice* (l'Heureuse méprise), autre opéra-bouffe donné au théâtre San Mosè en 1812, renferme les idées mères de quinze ou vingt morceaux capitaux qui plus tard ont fait la fortune des chefs-d'œuvre de Rossini. Il en est resté un très beau trio.

L'auteur du livret de l'*Inganno* écrivit ensuite *il Cambio della valigia* (le Changement de valise), bouffonnerie amusante que Rossini mit en musique pour le San Mosè (1812). Le compositeur ne recevait guère plus de 200 à 250 francs par ouvrage : aussi était-il obligé, par des considérations d'un ordre tout familier, de multiplier ses productions, de manière à en faire succéder quatre ou cinq dans la même année.

Ciro in Babilonia, représenté avec beaucoup de succès au théâtre Comunale de Ferrare en 1812, est le premier essai du maître dans l'opéra seria. Après cet ouvrage, le compositeur alla faire jouer à Venise *la Scala di seta* (l'Échelle de soie), puis il donna dans l'automne de la même année à la

Scala de Milan *la Pietra del paragone* (la Pierre de touche), opéra-bouffe en deux actes. Ce titre convenait doublement à l'œuvre, qui fut réellement la pierre de touche du génie de Rossini. Pour la première fois, d'ailleurs, le maestro obtenait d'être joué sur un théâtre digne de lui.

Rossini reçut 600 francs pour la *Pierre de touche*, mais, ce qui valait mieux, le prince Eugène, vice-roi d'Italie, l'exempta de la conscription, en considération des espérances que donnaient ses heureux débuts.

L'éclatant succès de la *Pietra del paragone* à Milan coïncidait avec la représentation de *Demetrio e Polibio,* donnée au théâtre Valle à Rome par la famille Mombelli. C'était un ouvrage que Rossini avait écrit à l'âge de quatorze ou quinze ans. Cet opéra, assez froidement accueilli à Rome, réussit brillamment à Como, au mois de juin 1814. « Notre admiration, comme celle du public, dit Stendhal, ne trouva plus de manière raisonnable de s'exprimer quand nous fûmes arrivés au quartetto : *Domani, omai.* » La musique de ce quartetto a été depuis introduite par l'auteur dans d'autres ouvrages.

Pour clore la liste des productions dramatiques de Rossini durant cette mémorable année 1812, citons *l'Occazione fa il ladro,* farce jouée au San Mosé. Étrange paresse, pour le dire en passant, que celle d'un homme qui trouve moyen d'écrire six opéras dans l'espace de douze mois !

Un des traits distinctifs du caractère de l'artiste était une humeur narquoise et maligne qui s'est souvent manifesté par d'audacieuses mystifications. Il en donna la preuve en 1813, à la suite d'un démêlé avec l'impresario Cera. Celui-ci s'était formalisé de voir le maestro obtenir un engagement pour la Fenice de Venise. Il aurait voulu que Rossini travaillât exclusivement pour le *San Mosè*; quand il le sut lié par contrat avec un autre théâtre, il ne songea plus qu'à lui nuire, en lui fournissant un très méchant livret, sur lequel il n'était guère possible d'écrire de bonne musique. Obligé par la nature de ses conventions avec le San Mosè de traiter un tel ouvrage, le compositeur prouva que, quand il voulait, il savait faire d'aussi mauvaises partitions que le premier venu. Jamais le public vénitien n'avait assisté à une pareille débauche de sons. Entre autres extravagances, à l'*allegro* de l'ouverture, les violons devaient s'interrompre à chaque mesure pour donner un petit coup avec l'archet sur le réverbère en fer-blanc qui les éclairait. La plaisanterie fut trouvée trop forte par ceux qui n'étaient point dans le secret de la vengeance du musicien. Aussi *Il Figlio per azzardo* n'eut-il qu'une représentation unique et plus qu'orageuse. Il fallait être bien sûr de soi pour se compromettre à ce point de gaieté de cœur. Mais les hardiesses, les malices même de Rossini ne pouvaient tirer à conséquence ; car il avait dans son immense génie l'infaillible moyen de se les faire pardonner. L'opéra seria de *Tancredi* fut un triomphe. Cet ouvrage, donné à la Fenice en 1813, fut plus tard joué avec un grand succès aux Italiens de Paris. On en connaît le sujet : la tragédie de Voltaire a fourni le titre et l'action au libretto de *Tancredi*. Quant à la musique du maître, elle marque un pas nouveau dans sa carrière. Les longs récitatifs usités autrefois dans l'opéra sérieux sont remplacés ici par des passages de déclamation lyrique. La mélodie est abondante, gracieuse, brillante de verve et de jeunesse ; je mentionnerai seulement le duo : *Ah ! se de' mali miei*, et la célèbre cavatine : *Di tanti palpiti* qu'on appelle en Italie l'*Aria de rizzi* parce que, suivant un bruit populaire, Rossini l'aurait composée à son auberge, pendant le temps qu'on mettait à cuire son riz.

L'heureux auteur de *Tancredi* connut alors ce que la gloire a de plus enivrant. Mais, bien loin de s'endormir dans les délices de cette Capoue que les séductions de toute espèce pouvaient rendre dangereuse, il prit à peine quelques mois de repos, et, dans l'été de 1813, fit jouer l'*Italiana in Algeri* au théâtre San-Benedetto de Venise. Bien que la gaieté la plus franche et la plus cordiale respire dans cet ouvrage, ce n'est point un opéra-bouffe dans le genre de ceux qui ont immortalisé les Paisiello et les Cimarosa. La révolution opérée par Rossini consistait ici à introduire un élément de distinction et d'élégance dans le genre comique italien, sans en altérer pourtant la verve joyeuse et originale. Comme preuve de ce que j'avance, je citerai le trio : *Papatacci*, le chœur : *Viva, viva* et l'ensemble : *Va sossopra il mio cervello*, qui n'excluent pas des morceaux de *mezzo carattère* pleins de goût, tel que le duo : *Se inclinassi a prender moglie*, et la cavatine : *Languir per una bella*.

En 1814, Rossini écrivit pour la Scala de Milan *Aureliano in Palmira*, opéra sérieux où l'on entendit Velluti, le dernier des bons sopranistes, et *Il Turco in Italia*, opéra-bouffe qui est le pendant de l'*Italiana in Algeri*. Ces deux ouvrages ne réussirent guère ; l'échec de *Sigismondo*, représenté à la Fenice pendant le carnaval de 1815, fut un coup sensible pour le compositeur. Ces injustices répétées le décidèrent aisément à prêter l'oreille aux propositions de Barbaja, qui lui offrait douze mille francs par an, à la charge d'écrire deux ouvrages chaque année, et d'arranger pour la scène tous les opéras qu'il plairait au dit Barbaja de monter. Ce fut ainsi que Naples enleva Rossini à la haute Italie, premier théâtre de ses succès dramatiques. Douze mille francs, c'était la fortune pour un artiste jusque-là accoutumé à courir de ville en ville aux ordres de directeurs faméliques et presque toujours en faillite ; mais c'était aussi une bonne affaire pour l'habile homme qui s'attachait par là le prince des musiciens contemporains.

Pour son début dans la cité parthénopéenne, Rossini fit jouer au théâtre de San Carlo *Elisabetta, regina d'Inghilterra* (1815). Le principal rôle de cet opéra fut créé par Mlle Élisabeth Colbran, femme d'un talent et d'une beauté remarquables, pour qui Rossini écrivit neuf opéras, depuis *Élisabeth* jusqu'à *Sémiramis*, et qu'il finit par épouser en 1822. La cantatrice exerça sur la forme des inspirations du maître une influence que l'histoire doit noter. Comme ses prédilections la portaient vers les grands rôles tragiques, elle détermina son mari à abandonner le genre bouffe pour le genre sérieux, ce qui nous a valu *Otello*, *Mosé*, et tant d'autres œuvres lyriques d'une si noble élévation.

L'impresario du théâtre Argentina à Rome eut une heureuse inspiration le jour où il proposa à Rossini le libretto du *Barbier de Séville*, mis jadis en musique par Paisiello. Aucune pièce ne pouvait aussi bien faire ressortir le côté spirituel, gracieux et vif de son génie, dont les aspects sont si variés. Rossini fut appelé à écrire un chef-d'œuvre. En treize jours, la musique du *Barbier* fut terminée. Le soir de la première représentation arriva, et c'est ici surtout qu'à travers tant de versions répandues sur le sort de cet admirable ouvrage à son origine, il est utile de demander la vérité à une bouche contemporaine: Mme Giorgi Righetti, actrice chargée de créer le rôle de Rosina, nous apprend que d'ardents ennemis se trouvaient, dès l'ouverture du théâtre, à leur poste, tandis que les amis, intimidés par la mésaventure récente de *Torwaldo et Dorliska* (Rome, 1816), montraient peu de résolution pour soutenir l'œuvre nouvelle. Rossini avait eu la faiblesse de consentir à ce que Garcia, dont il aimait beaucoup le talent, remplaçât l'air qui se chante sous le balcon de Rosina par une romance espagnole de sa façon; il avait pensé que, la scène étant en Espagne, cela pourrait contribuer à donner de la couleur locale à l'ouvrage ; mais les dispositions du public rendirent cet essai déplorable. Par une circonstance malheureuse, on avait oublié d'accorder la guitare avec laquelle Almaviva s'accompagne. Garcia dut l'accorder séance tenante. Une corde cassa ; le chanteur fut obligé de la remettre, et pendant ce temps les rires et les sifflets s'en donnaient, comme on le pense bien, sans le moindre égard pour le jeune maître de vingt-cinq ans, pour le pauvre Rossini, qui, selon l'usage, accompagnait au piano. Etrangère au goût et aux habitudes des Italiens, la mélodie fut mal reçue et le parterre se

mit à fredonner les fioritures espagnoles. Après l'introduction,
vient la cavatine de Figaro. Le prélude put se faire entendre;
mais lorsqu'on vit entrer en scène l'acteur Zamboni sur ce prélude, portant une autre guitare, un fou rire s'empara des spectateurs, et la cabale fit si bien par son vacarme, que pas une note
de ce morceau ravissant ne put être écoutée. Rosina se montra
sur le balcon, et le public, qui chérissait la cantatrice, se disposait à l'applaudir; malheureusement elle avait à dire ces paroles:
Segui, o caro, de segui cosi (Continue, mon cher, va toujours
ainsi). A peine les eut-elle prononcées que l'hilarité redoubla
dans la salle. Les sifflets et les huées ne cessèrent pas une mi-
nute pendant tout le duo d'Almaviva et de Figaro; l'ouvrage
dès lors sembla perdu. Enfin, Rosina entra en scène et chanta
la cavatine attendue avec impatience. La jeunesse de Mme Giorgi-
Righetti, la beauté de sa voix, la faveur dont elle jouissai
auprès du public, lui procurèrent une sorte d'ovation. Trois
salves d'applaudissements prolongés firent espérer un retour
de fortune pour l'ouvrage. Rossini, assis au piano, se leva,
salua, puis se tournant vers la cantatrice, il lui dit à demi-
voix: « *Oh ! natura !* — Rendez-lui grâce, répondit Mme Giorgi;
sans elle, vous ne vous seriez pas levé de votre chaise. » — Cette
éclaircie de soleil au milieu de la tempête cessa presque aussitôt; les sifflets recommencèrent de plus belle au duo que
Figaro chante avec Rosina. Le tapage redoublant, il fut
impossible d'entendre une phrase du finale.

Lorsque le rideau tomba, Rossini se tourna vers le public,
leva légèrement les épaules et battit des mains. Les spectateurs
furent, affirme-t-on, vivement blessés de ce mépris de l'opinion;
mais pas un signe d'improbation n'y répondit. La vengeance
était réservée pour le second acte; elle fut aussi cruelle que
possible, car on ne put entendre une seule note.

Rossini cependant sortit du théâtre avec la même tranquillité que s'il s'était agi de l'opéra d'un de ses confrères. Après
s'être déshabillés, les chanteurs accoururent à son logis pour

le consoler de sa triste aventure. Ils le trouvèrent profondément endormi.

Le lendemain cependant tout changea de face ; on voulut bien s'apercevoir que, si Rossini n'avait pas les mérites de Paisiello, il n'avait pas non plus la langueur de son style, défaut énorme qui gâte souvent ses meilleurs ouvrages. Pour cette deuxième représentation, Rossini remplaça l'air malencontreux de Garcia par la délicieuse cavatine : *Ecco ridente il cielo*, dont il emprunta le début à l'introduction de son *Aureliano in Palmira*. Il prétexta une indisposition et se mit au lit, afin de ne pas paraître cette fois au piano. Le public se montra moins mal disposé que la veille. Il voulut entendre l'ouvrage, ce qu'il n'avait pu faire encore, avant de le condamner définitivement. Cette résolution assurait le triomphe du maestro, car il était impossible qu'un peuple si bien organisé ne fût point frappé des beautés répandues à profusion dans ce chef-d'œuvre. On écouta, et les applaudissements seuls rompirent le silence des auditeurs attentifs ; il n'y eut pas encore d'enthousiasme à cette représentation ; mais aux suivantes le succès grandit, et l'on en vint enfin à ces transports d'admiration qui partout ont accueilli cette œuvre de génie. Rossini fut reconduit plusieurs soirs de suite à son logis en triomphe, à la lueur de mille flambeaux, par ces mêmes Romains qui l'avaient si cruellement sifflé précédemment.

Revenu à Naples, il fit exécuter au théâtre Del Fondo, en 1816, une cantate intitulée *Teti e Peleo* (Thétis et Pélée), à l'occasion du mariage de la duchesse de Berry.

La même année, Rossini fit représenter son *Otello*, où il a su rivaliser avec le pathétique, l'énergie et l'émotion shakespeariennes. Les récitatifs monotones de l'ancienne tragédie lyrique y sont remplacés par des récitatifs mieux appropriés au caractère des situations. L'ouverture a sa place parmi les ouvertures célèbres. Je me contenterai de citer, au nombre des morceaux saillants de la partition, le grand duo, la prière et la romance de Desdemona, dite *Romance du Saule*: *Assisa al piè d'un salice*.

La *Cenerentola* (Cendrillon) fut représentée pour la première fois sur le théâtre Valle à Rome, en 1817, et aux Italiens en 1822. L'ouverture est charmante de grâce et de légèreté. Je mentionnerai l'air : *Miei rampolli;* le duo : *Un soave non so chè;* le sextuor : *Quest' è un nodo avvil upato;* la strette si animée du finale, le duo: *Zitto, Zitto,* et le beau duo des deux basses: *Un segreto d'importanza,* dans lequel revivent la verve et l'esprit de Cimarosa.

La *Gazza Ladra* (la Pie Voleuse), opéra représenté à la Scala en 1817, et à Paris en 1821, fit voir avec quelle facilité Rossini abordait tous les genres pour n'en laisser aucun d'inexploré.

Armida, jouée à Naples, offre cette particularité que c'est le seul des opéras italiens de Rossini où l'on trouve des airs de danse. Donné dans l'automne de 1817, cet ouvrage obtint un grand succès. Le célèbre duo: *Amor, possente nume,* l'air : *Non soffriro l'offesa,* le trio : *In quale aspetto imbelle,* et le délicieux chœur des femmes : *Che tutto è calma,* sont les principaux morceaux de la partition.

A l'*Adelaïda di Borgogna* (1818) succéda le *Mosè in Egitto.* En dépit de son étonnante facilité, le maître dut se faire aider quelquefois. Le collaborateur choisi fut Carafa qui ne cessa d'être, pendant cinquante ans, l'ami intime de l'homme dont les succès avaient empêché plus d'une fois les siens. Cette vieille affection de deux rivaux, dont l'un pardonne ses défaites et dont l'autre ne tire pas vanité de ses victoires, est un sentiment trop honorable pour que je me refuse le plaisir de la constater. *Mosè* fut fort admiré au théâtre San Carlo, où il était interprété avec éclat par Mlle Colbran; mais les Napolitains ne purent s'empêcher de rire à la vue de la grotesque mer Rouge, dont les vagues étaient poussées par de petits lazzaroni. La musique sauva heureusement ce que la mise en scène avait de ridicule.

L'année 1819 ne devait pas s'écouler sans que l'auteur du *Barbier* et d'*Otello* ne donnât un pendant à ces admirables productions; ce pendant fut la *Donna del lago* (la Dame du lac), opéra joué au San Carlo en 1819, et aux Italiens de Paris en 1824. La couleur mélodique en est si distinguée, qu'elle n'a pu être comprise à la première audition, pas plus en Italie que chez nous. La scène des *Bardes* a été vivement applaudie plus tard quand on l'a retrouvée dans *Robert Bruce*, opéra donné en 1846, et qui n'est qu'un pastiche composé de divers morceaux empruntés à plusieurs partitions de Rossini. *Maometto secondo*, opéra joué au San Carlo en 1820, a passé presque tout entier dans la partition du *Siége de Corinthe*.

Sur ces entrefaites eut lieu à Naples la révolution de juillet 1820. Dans cette ville, d'ordinaire exclusivement occupée de plaisirs et de spectacles, un des chefs du libéralisme, le général Pepe, s'appliquait à organiser la résistance aux troupes royales en essayant d'armer les citoyens. Rossini, qui ne s'est jamais occupé de politique et dont l'inaltérable bon sens répugnait à la plupart des tendances de ce temps-là, n'eut dès lors plus qu'un souci, celui d'échapper à la garde nationale. Il finit par faire des concessions et par endosser l'uniforme; mais ses chefs, ne découvrant pas en lui les qualités de l'emploi, le renvoyèrent bientôt à son piano.

Appelé à Rome par le banquier Torlonia, propriétaire de l'Apollo, il écrivit *Matilda di Shabran*. Cet ouvrage fut joué en 1821, et on l'entendit avec plaisir, malgré les sottises et les invraisemblances du livret. Aux trois premières représentations, ce fut Paganini en personne qui dirigea l'orchestre.

Zelmira est le dernier ouvrage que Rossini ait fait jouer à Naples, encore était-il destiné à Vienne. Cet opéra fut représenté au théâtre San Carlo en 1821. On y remarque des effets d'instrumentation et une richesse harmonique qui n'appartiennent pas à l'ancienne manière italienne. Le livret, écrit par Tottola, est une imitation de la tragédie de Du Belloy, intitulée *Zelmire*.

Barbaja avait obtenu l'entreprise de l'opéra Italien de Vienne. Du San Carlo, *Zelmira* passa bientôt au théâtre de la

Porte de Carinthie, où elle reçut l'accueil le plus enthousiaste. Ce fut à cette occasion que Rossini eut une entrevue avec Beethoven. Mais la misanthropie du grand symphoniste, accrue par la surdité et la maladie, rendait peu agréables les relations avec lui. Le gai et spirituel maestro n'eut pas plus que les autres à se louer de l'aménité de celui dont il admirait le génie.

Résolu d'abandonner l'Italie, où ses innovations musicales n'étaient pas comprises, comme l'avait prouvé la chute de la *Donna del lago*, Rossini, en signe d'adieu, laissa à sa patrie un chef-d'œuvre. Il ne mit pas quarante jours à composer la *Semiramide*, l'un des ouvrages dans lesquels il a dépensé le plus d'idées neuves et variées. Cependant la *Semiramide* tomba à Venise (1823); car, pour une production de cet ordre, un accueil froid équivaut à une chute. Il est vrai qu'elle se releva brillamment à Paris, où elle trouva de dignes interprètes dans Mmes Sontag et Pisaroni. L'ouverture de cet opéra est une des plus belles que l'imagination musicale puisse produire dans cette forme. *Semiramide* marque en quelque sorte la transition de Rossini de l'École italienne à l'École française. Les cantilènes n'y manquent pas; mais on y trouve déjà des accents caractérisés, et un certain coloris approprié aux temps et aux lieux. Je me contenterai de citer le trio *là dal Gange* et le quatuor du premier acte; la cavatine : *Bel raggio lusinghier* et le duo : *Serbami ognor si fido*, du second; enfin le trio sublime du dernier acte : *L'usato ardir*, et toute la scène du tombeau de Ninus.

Ici s'arrête la carrière italienne du maestro. Ayant obtenu un engagement pour écrire un opéra, *la Figlia dell'aria*, destiné au Théâtre du Roi à Londres, il partit avec sa femme pour l'Angleterre. Son premier séjour à Paris date de cette époque. Il y arriva le 9 novembre 1823 et y reçut durant quelques semaines des témoignages de sympathie et d'admiration. Le roi George IV lui fit la plus gracieuse réception.

Il n'en fallait pas plus pour mettre Rossini à la mode dans un pays où les sujets prennent volontiers exemple sur le souverain. Le maître de Pesaro fut partout accueilli, fêté, choyé. Il réalisa une petite fortune, soit en donnant des concerts à son bénéfice, soit en dirigeant l'exécution de plusieurs soirées musicales, et surtout comme professeur de chant.

Ainsi que la plupart des compositeurs italiens, Rossini pratiquait personnellement l'art du chant. Pianiste excellent, accompagnateur incomparable, doué d'une jolie voix de baryton, il trouva dans les salons de l'aristocratique Angleterre un accueil enthousiaste. Il revint à Paris, et fut investi des fonctions de directeur du Théâtre-Italien. Ce fut le moment où l'on commença à connaître réellement les productions de son génie dans notre pays, où elles n'avaient d'abord été données au public que tronquées et défigurées de la plus étrange manière. Une lutte ardente éclata autour de l'*Italiana in Algieri*, de l'*Inganno felice*, du *Barbiere*, etc. Les pédants, les musiciens d'humeur jalouse s'élevaient avec force contre le compositeur, qualifiant de fautes et de négligences des innovations, des hardiesses produites par une science supérieure. On ne craignait pas d'appeler Rossini : *Il signor Vacarmini*.

Le premier ouvrage que l'auteur d'*Otello* composa à Paris fut *Il Viaggio a Reims ossia l'Albergo del giglio d'oro* (le Voyage à Reims ou l'Auberge du lis d'or), opéra en un acte écrit à l'occasion du sacre de Charles X et représenté au Théâtre-Italien le 19 juin 1825. *Il Viaggio a Reims* réussit complètement. La pièce n'offrant qu'un intérêt du moment, cette circonstance aurait pu nuire au mérite durable de la partition, si l'auteur n'en eût plus tard fait passer les principaux morceaux dans le *Comte Ory*.

C'est vers cette époque que Rossini composa les *Soirées musicales*, recueil de morceaux de chant où la grâce de la mélodie s'allie à une harmonie neuve et distinguée. Ce sont autant de perles de la plus belle eau. Il suffit de citer le duettino : *Mira la bianca luna*.

On sait à quoi s'en tenir sur la prétendue paresse de Rossini ; mais, ce qui se concilie très bien avec le goût du travail-intellectuel, c'est l'horreur du tracas des affaires, et une certaine indolence mal à l'aise au milieu des soucis d'une administration. Le surintendant des beaux-arts ne fut pas longtemps à reconnaître que le théâtre-Italien périclitait entre les mains de l'homme de génie auquel on l'avait confié. Mais comme le gouvernement de la Restauration voulait et avec raison attacher Rossini à la France, en lui retirant la direction du Théâtre-Italien, on le nomma intendant général de la musique du roi et inspecteur général du chant en France. Ces fonctions n'étaient que des sinécures et rapportaient vingt mille francs par an, mais ce n'était pas payer trop cher l'honneur de fixer sur notre sol un maître déjà illustre par vingt chefs-d'œuvre.

Pour répondre à tant de générosité, Rossini s'était engagé à écrire des partitions, obligation facile à remplir pour lui. En 1826, il donna à l'Académie royale de musique le *Siège de Corinthe*, opéra en trois actes où il fit entrer son *Maometto* en y ajoutant d'autres morceaux, tels que le bel air chanté par Mme Damoreau et la magnifique scène de la bénédiction des drapeaux. Le succès du *Siège de Corinthe* fut aussi éclatant que mérité. Je citerai l'air de basse : *Qu'à ma voix la victoire s'arrête*, et la prière : *L'heure fatale approche*.

Le second ouvrage que Rossini fit représenter à l'Opéra (1827) fut *Moïse*, tiré de son répertoire italien. Il en fortifia l'expression dramatique déjà puissante et y ajouta plusieurs morceaux. L'introduction, dans laquelle Moïse reçoit les tables de la loi, renferme des chœurs de la plus grande beauté, entre autres un quatuor avec chœurs sans accompagnement. Le finale du troisième acte a été ajouté à la partition primitive, sauf le pathétique quatuor : *Mi manca la voce*; le morceau qui domine tout l'ouvrage à cause du succès qu'il n'a cessé d'obtenir est la prière : *Des cieux où tu résides*.

Le *Comte Ory*, opéra en deux actes (1828), est une des meilleures productions de Rossini. Nulle part peut-être il n'a fait preuve de plus d'esprit, ni obtenu des effets plus variés que dans l'instrumentation de cet ouvrage, dont la musique reproduit en grande partie la partition du *Viaggio à Reims*.

L'année suivante, le maître mit le sceau à sa réputation en écrivant un ouvrage qui, au milieu de tant de chefs-d'œuvre, demeurera peut-être son plus beau titre de gloire. Mes lecteurs ont déjà nommé *Guillaume Tell*, opéra en quatre actes, paroles de Hippolyte Bis et Jouy, représenté à l'Académie royale de musique le 3 août 1829. Le drame de Schiller a été pour le musicien la source d'inspirations tour à tour champêtres, guerrières, gracieuses, pathétiques, douloureuses, sombres, éclatantes. C'est une fusion merveilleuse des qualités propres à l'art italien, à l'art allemand et à l'art français : ici la grâce de la cavatine et du duo ultramontains, là l'harmonie savante et profonde des chœurs allemands, partout la clarté et l'énergique précision du génie français.

Le caractère général du drame est parfaitement exprimé dans l'ouverture, divisée en quatre parties. D'abord un *cantabile* de violoncelle, plein d'une majesté suave, fait respirer le calme des solitudes alpestres ; puis un *ranz des vaches* se fait entendre au milieu de détails délicieux de cor anglais et de petite flûte. En troisième lieu, l'ouragan s'avance, de larges gouttes d'eau tombent sur les feuilles, l'orage se déclare, tous les éléments sont déchaînés. Cette tempête est aussi une image des passions qui grondent dans ce pays. Enfin le clairon sonne, la lutte s'engage et les chants de victoire retentissent.

Qu'on me permette de dire quelques mots sur le livret de *Guillaume Tell*. L'a-t-on assez critiqué, s'en est-on assez moqué ? Cependant, malgré le dédain peu réfléchi des aristarques, je suis d'avis que le livret de *Guillaume Tell* est non seulement le mieux fait, le mieux coupé pour la scène, l'un des plus intéressants qui soient au théâtre, mais encore qu'il est un de ceux qui renferment le plus de ces beaux vers lyriques qui se gravent dans la mémoire avec la phrase musicale. Un spectateur retient à la première audition une foule de passages dont l'accent l'a frappé.

Le finale du premier acte, dans lequel les soldats oppresseurs forment un contraste vigoureux avec la population suisse suppliante et terrifiée, est une conception magnifique, dont la première partie surtout est d'une incomparable beauté.

Le deuxième acte nous transporte dans les solitudes alpestres. Du sein de la nuit, à la clarté de la lune, s'élève une voix pure, celle de Mathilde, dans un récitatif et une romance où toutes les nuances les plus exquises d'un premier amour chaste et pur qui ose à peine s'avouer sont rendues avec une délicatesse racinienne. C'est la grâce émue jusque dans les détails de l'orchestration. On remarque dans les morceaux qui suivent un crescendo d'effet qui laisse à peine au spectateur le temps de respirer. C'est le duo d'amour de Mathilde et d'Arnold :

> Oui, vous l'arrachez à mon âme
> Ce secret qu'ont trahi mes yeux,

accompagné en triolets et suivi d'un andante :

> Doux aveu, ce tendre langage,

dans lequel brille toute la grâce du chant italien. Ses broderies légères n'atténuent en rien la force de l'expression. L'amour, dans la partition de *Guillaume Tell*, n'a rien de morbide ni de voluptueux ; c'est une passion généreuse et qui ne cesse de s'estimer. Aussi, l'accent héroïque se fait entendre avec éclat dans l'allegro du duo. Aussitôt après les dernières mesures de cette strette brillante, le trio commence, ce célèbre trio qui à lui seul vaut un poème :

> GUILLAUME.
>
> Quand l'Helvétie est un champ de supplices
>   Où l'on moisonne ses enfants,
> Que de Gessler tes armes soient complices,
>   Combats et meurs pour nos tyrans.

WALTER.

Pour nous Gessler, préludant aux batailles,
 D'un vieillard a tranché les jours;
Cette victime attend des funérailles;
 Elle a des droits à tes secours.

ARNOLD.

Ah! quel affreux mystère!
Un vieillard, dites-vous?

WALTER.

Que la Suisse révère.

ARNOLD.

Son nom?

WALTER.

Je dois le taire.

GUILLAUME.

Parler, c'est le frapper au cœur.

ARNOLD.

Mon père?

WALTER.

Oui, ton père! Mechtal, l'honneur de nos hameaux,
Ton père assassiné par la main des bourreaux,

ARNOLD.

Qu'entends-je! O crime! hélas, j'expire
Ces jours qu'ils ont osé proscrire,
Je ne les ai pas défendus! —
Mon père, tu m'as dû maudire,
De remords mon cœur se déchire!
O ciel, je ne te verrai plus!

C'est une des situations les plus fortes et aussi une des plus belles qu'un compositeur ait eues à traiter. Rossini y a montré son génie, et lorsque cette scène était dite par Duprez, Barroilhet et Levasseur, c'est-à-dire par des interprètes d'un talent supérieur, j'ai vu des spectateurs verser des larmes, d'autres se lever à l'orchestre pour acclamer l'œuvre et les artistes, des dames agiter leurs mouchoirs dans les loges, enfin un enthousiasme indescriptible. Je ne sais si je reverrai de pareils succès, mais pour les hommes de ma génération c'était alors l'âge d'or de l'opéra français.

A toute la sonorité de l'orchestre a succédé un profond silence, bientôt discrètement troublé par l'arrivée des suisses conjurés ; ils débouchent des forêts ou ils abordent sur la rive.

Une fuguette, pleine d'énergie, atteste les dispositions de ces montagnards vigoureux, tandis que des mélodies plaintives expriment le découragement d'autres bandes. Guillaume s'efforce d'échauffer leur courage. Puis on entend ce finale merveilleux : *Jurons par nos dangers*, formé d'un échafaudage de quatre chœurs qui se réunissent dans un formidable unisson sur ce vers : *Si parmi nous il est des traîtres*, pour s'épanouir de nouveau et se disperser sur le cri : *Aux armes !*

Gessler entre en scène, accompagné par des fanfares chorales, et chante quelques phrases courtes et bien caractérisées. C'est dans *la fête qu'il ordonne* que l'on entend ces délicieux airs de ballet dont on ne se lasse pas d'admirer les mélodies gracieuses, la variété des rythmes et la finesse de l'instrumentation. Il est inutile de rappeler la tyrolienne chantée et dansée : *Toi que l'oiseau ne suivrait pas*. L'air de ballet suivant se distingue par l'emploi ingénieux des deux flûtes, puis vient le pas de soldats mouvementé et rapide. La scène du chapeau est suivie d'un quatuor admirable, où la voix pathétique du père s'unit aux plus touchants accents de Jemmy.

Ce qui a contribué à la prédominance de l'opéra de *Guillaume Tell* sur tous les opéras modernes, c'est qu'on y trouve exprimés, avec le même bonheur, les sentiments les plus forts de la nature, je veux dire l'amour paternel, l'amour filial, la tendresse conjugale, la sainte amitié, la haine de l'injustice et enfin l'amour de la patrie.

Les stances guerrières avec chœur qu'Arnold adresse à ses compatriotes qu'il vient d'armer, ont le caractère qui convient à cette situation. C'est dans cette scène que Duprez a fait entendre pour la première fois ce fameux *ut* de poitrine qui depuis a été le point de mire de tous les ténors, et aussi une pierre d'achoppement pour beaucoup d'entre eux.

Il me reste à signaler le trio de femmes en canon à l'unisson, petit joyau presque oublié au milieu d'une rivière de diamants : *Je rends à votre amour un fils digne de vous*, et la scène de la tempête, traitée avec une maestria dans l'orchestration, qui n'a pas encore été surpassée, quoi qu'en puissent dire les détracteurs du maître qui s'intitulent modestement « les musiciens de l'avenir ».

Enfin, pour clore cette analyse incomplète de l'opéra des opéras modernes, comme *Don Juan* est l'opéra des opéras anciens, j'appellerai l'attention des amateurs sur les effets de sonorité du dernier tableau, où les harpes et les triolets des hautbois à l'aigu donnent à l'hymne de délivrance des Suisses les teintes d'une aurore qui se lève radieuse et triomphante.

Cet opéra, écrit par un homme qui n'avait encore que trente-sept ans, semblait ouvrir une seconde carrière pour le moins aussi éclatante que l'avait été celle qui venait de se fermer. C'était, paraissait-il, le point de départ d'une nouvelle ère musicale dans la vie du grand artiste. Hélas! c'était la promesse sans l'accomplissement ; Rossini n'avait fait entrevoir à ses admirateurs une longue suite possible de jouissances musicales que pour les condamner à d'éternels regrets. Depuis cette date mémorable du 3 août 1829, il n'a plus rien donné à la scène. Sa gloire acquise lui a suffi, et aussi la fortune que lui avaient procurée indirectement tant de travaux éclatants.

La révolution de 1830 ayant fait perdre au compositeur les sinécures qu'il tenait de la munificence de Charles X, il réclama des liquidateurs de la liste civile la pension de 6000 francs, stipulée pour le cas où des circonstances imprévues auraient fait cesser ses fonctions. Ces circonstances imprévues, c'étaient les événements de juillet. Après cinq ou six ans de contestations la question fut décidée en faveur du demandeur.

Le silence de Rossini n'a pas peu contribué à établir cette sotte réputation de paresse contre laquelle nous avons déjà protesté et que dément une série de trente-sept opéras. Dans

la retraite où il a vécu après avoir obtenu les plus grands
succès auxquels un compositeur puisse prétendre, Rossini
a toujours aimé la musique; il a continué à composer;
seulement il a cultivé son art pour son plaisir et celui de
quelques intimes assez heureux pour être admis aux soirées
musicales du maître. Un *Stabat Mater*, écrit en 1841, et
une *Messe solennelle*, exécutée en 1864, et depuis dans divers
concerts, plusieurs morceaux de piano, quelques chœurs et
morceaux de chant, telles sont à peu près les seules compositions que l'on connaisse de lui depuis *Guillaume Tell*.

Deux ans après la mort de sa première femme, Élisabeth Colbran (7 octobre 1845), Rossini épousa Mlle Olympe Descuillers.

Élisabetta Colbran était une femme d'une grande beauté, et
douée d'un cœur excellent. Elle avait été la première cantatrice
de la troupe de Barbaja. Rossini avait écrit pour elle plusieurs
ouvrages sérieux. Ce fut elle qui, touchée de la pauvreté de ce
jeune compositeur dont elle avait deviné le génie, lui proposa
de rompre ses engagements avilissants et stériles avec les
directeurs des théâtres italiens, et d'associer sa destinée à la
sienne. Cette artiste, douée d'un grand talent de tragédienne
lyrique, semble avoir exercé sur le jeune maestro une sorte de
fascination. Elle lui inspira ses grands rôles si caractérisés
d'Armide, d'Élisabeth, de Desdémone, de Sémiramis, et elle lui
laissa en mourant toute sa fortune. La seconde union de Rossini a offert jusqu'aux derniers moments du maître tous
les caractères du bonheur domestique. Rossini a été calomnié
par bien des pharisiens qui valaient moins que lui, qui se sont
montrés indifférents en présence de la prostitution de l'art, et
quelquefois complices des plus audacieuses profanations. C'est
ce que Rossini n'a jamais fait. Ouvrez ses partitions les plus
bouffonnes, celle du *Turc en Italie*, de l'*Italienne à Alger*, lisez
les scènes les plus comiques du *Barbier de Séville*, vous
y trouverez toujours et partout, avec la verve et l'esprit, le
respect de soi-même et de la langue de l'art musical. Les idées

qui prévalurent au théâtre après la révolution de 1830 lui
furent antipathiques. Lorsque, au lieu d'un public choisi,
amateur des arts, préparé à goûter les œuvres de l'esprit et
les délicatesses de la pensée artistique par une éducation distinguée, lorsque, au lieu d'un aréopage aristocratique dont
les arrêts faisaient loi et étaient acceptés sur tous les
degrés de la hiérarchie sociale, il sentit qu'il se trouverait en
présence d'une foule mêlée d'éléments confus et disparates,
aussi arbitraire dans ses jugements qu'ignorante de la langue
qui résonnait à ses oreilles, sa raison lucide lui fit comprendre
que l'heure était venue pour lui de se taire et que de nouveaux
ouvrages, en supposant même qu'ils fussent aussi remarquables que les derniers représentés, ne seraient pas ac-
cueillis avec la même faveur, que leur chute probable entraî-
nerait le discrédit des autres partitions, qu'il valait mieux
toutefois ne pas en courir la chance, qu'il avait payé un laborieux contingent à ses contemporains en leur ayant donné
trente-sept opéras représentés sur toutes les scènes lyriques
de l'Europe. Le succès des *Huguenots* et de *la Juive* achevèrent
non de le déconcerter, mais de l'éclairer. Il ne put même se
défendre d'un mot amer lorsqu'on le pria à cette époque de
rentrer dans la lice : « Peut-être, dit-il, quand le sabbat des
juifs sera passé. » Il parut encore hésiter quelque temps ; mais,
voyant le flot du romantisme monter toujours, les rangs des
dilettanti s'éclaircir, la pensée céder le terrain à l'effet, la grâce
étouffée par la force, la musique remplacée par l'acoustique,
« *è finita la musica* », dit-il, et il alla se confiner à Bologne.

Vers la fin de l'année 1847, il fut troublé dans cet asile par
les mouvements révolutionnaires dont l'Italie était alors agitée
Son horreur pour les séditions populaires l'avait rendu suspect
à ceux qui auraient dû s'enorgueillir d'être ses compatriotes.
Ils le persécutèrent de mille façons, lui donnèrent des chari-
varis, voulurent le contraindre à s'affubler d'un uniforme de
garde national, à défendre une cause qui lui était peu sympa-

thique, à prendre parti contre des princes qui avaient aidé à ses succès et dont il n'avait eu qu'à se louer. Les émeutiers allèrent même jusqu'à lui prendre, pour traîner des canons, ses deux chevaux, qui moururent épuisés de fatigue, par suite de leur brutalité. Rossini venait d'achever son installation dans une maison qui lui plaisait et où il comptait passer des jours paisibles après la vie si laborieuse et si agitée qu'il avait menée depuis son enfance. En butte à une persécution stupide, signalé à l'animadversion populaire, Rossini, doué d'un caractère sensible et faible par instants, ne sut pas résister à de telles avanies. Il abandonna avec chagrin sa nouvelle demeure, et se réfugia à Florence. Malgré les attentions dont il fut l'objet de la part du prince Demidoff et l'existence agréable qu'on s'efforça de lui procurer au palais de San Donato, Rossini tomba gravement malade. Aussitôt qu'il fut guéri, il prit la résolution de quitter l'Italie qu'il n'a cessé d'aimer et de revenir à Paris. Il y a habité successivement un appartement rue Basse du Rempart, dans la même maison que le général Cavaignac, et rue de la Chaussée d'Antin, près du boulevard des Italiens. C'est à cette époque que j'ai eu l'honneur de lui être présenté et de recevoir de lui les premiers témoignages de sympathie qu'il a bien voulu me continuer jusqu'à sa mort. Il passait l'été dans sa villa de Passy, où le compositeur accueillait les artistes avec empressement et affabilité et se voyait presque constamment entouré de toutes les illustrations du talent, de l'esprit et de la beauté.

Il avait fait construire ce petit hôtel sur un terrain concédé par la ville de Paris. Un mobilier simple, quelques objets d'art, plusieurs souvenirs offerts au compositeur décoraient cette modeste demeure. Au plafond du salon étaient peints les portraits de cinq compositeurs. La reconnaissance, aussi bien que le bon goût, avaient bien inspiré l'illustre propriétaire de la villa de Passy lorsqu'il plaçait le portrait de son ancien maître, le bon P. Mattei, parmi ceux des grands musiciens dont il admirait le plus les œuvres et à la mémoire desquels il voulait rendre le plus d'hommages. Il savait bien par l'éclat de ses succès que le jugement de la postérité joindrait son nom à ceux de Palestrina, d'Haydn, de Cimarosa et de Mozart. Il a voulu associer à sa gloire le savant religieux qui avait initié aux beautés de l'art le pauvre enfant du peuple, et cette pensée l'a porté à lui assigner une place au milieu de cet aréopage.

Vers la fin du mois d'octobre 1868, Rossini se disposait à quitter sa villa de Passy pour revenir à Paris; mais le catarrhe chronique dont il souffrait depuis quelques années à l'entrée de l'hiver redoubla d'intensité et détermina une fluxion de poitrine; à ce mal se joignit une fistule, dont l'opération fut pratiquée par le docteur Nélaton. L'espoir de sauver les jours du malade ne fut pas de longue durée. Les jambes enflèrent; des dépôts d'eau s'y formèrent et, après quinze jours de vives souffrances, malgré les soins des docteurs Nélaton, Barthe et Bonato, et les ingénieux palliatifs que pouvait inventer la tendresse la plus dévouée, le vendredi 13 novembre, à minuit, le grand compositeur fut enlevé à ses amis et à cette terre, où tous les échos avaient répété pendant un demi-siècle ses chants inspirés.

Je crois utile de faire connaître une clause du testament de cet homme de génie, dans lequel la bonhomie et la simplicité n'excluent pas le sentiment d'une haute reconnaissance envers la patrie natale et la patrie d'adoption, et d'une sorte d'intérêt posthume pour les destinées de l'art dans notre pays. En instituant son double prix annuel de 3000 francs, la main de Rossini semble sortir du tombeau pour montrer la voie et encourager les jeunes artistes à la suivre.

« Je veux qu'après mon décès et celui de mon épouse, il soit fondé, à perpétuité à Paris et exclusivement pour les Français, deux prix de chacun 3000 francs, pour être distribués annuellement, un à l'auteur d'une composition de musique religieuse ou lyrique, lequel devra s'attacher principalement à la mélodie, si négligée aujourd'hui; l'autre à l'auteur des paroles (prose ou vers) sur lesquelles devra s'appliquer la musique et y être parfaitement appropriée, en observant les lois de la morale, dont les écrivains ne tiennent pas toujours assez de compte; ces productions seront soumises à l'examen d'une commission spéciale prise dans l'Académie des beaux-arts de l'Institut, qui jugera celui des concurrents qui aura mérité le prix dit Rossini, qui sera décerné en séance publique, après l'exécution du morceau, soit dans le local de l'Institut, ou au Conservatoire. Mes exécuteurs testamentaires devront obtenir du ministre l'autorisation d'immobiliser en 3 pour 100 un capital nécessaire pour former une rente annuelle de 6000 francs.

» J'ai désiré laisser à la France, dont j'ai reçu un si bienveillant accueil, ce témoignage de ma gratitude et de mon désir de voir perfectionner un art auquel j'ai consacré ma vie. »

Rossini a laissé un autre testament que celui de l'homme mortel. C'est celui de son génie. L'œuvre qu'il a appelée modestement *Petite messe*, et qu'il n'a voulu faire exécuter qu'une seule fois devant un auditoire de son choix, quatre ans avant sa mort, est une révélation du travail qui s'est opéré dans la pensée du maître, de l'élévation progressive et constante de son inspiration.

De la *Donna del lago* (1819) à *Guillaume Tell* (1829), Rossini a franchi les degrés qui séparent l'agréable du beau; mais de *Guillaume Tell* à la *Messe solennelle* (1864), il s'est élevé du beau au sublime.

Aucun ouvrage du maître n'a été traité avec plus de science et de conscience. On voit à chaque page qu'il a fait un effort pour s'élever à la hauteur du sujet et on remarque les traces de l'étude qu'il a faite des œuvres de Haendel et de Sébastien Bach. Le style du *præludium* qui sert d'offertoire est un modèle achevé de musique d'orgue. Le *Kyrie* est d'une ampleur toute hiératique et le *Christe* est traité *alla Palestrina*. La page capitale de la messe est le *Gloria in excelsis*. Le *Benedictus* est sublime. L'harmonie de la *Messe solennelle* est neuve et très savante, sans cesser d'être claire. Les dessins de l'accompagnement, la richesse mélodique des formules, la phrase sereine et majestueuse, la science des timbres, rappellent sans doute le style général du *Mosè*, de *Guillaume Tell*. Mais l'inspiration a été puisée à une source plus haute, et exprimée à l'aide de procédés de composition nouveaux. L'*Agnus Dei* produit un grand effet. La phrase *Miserere nobis*, chantée par la voix de soprano, est un véritable cri de détresse d'une Madeleine en larmes. Le *Dona nobis pacem* termine dignement cette œuvre admirable, qu'en raison de son importance on peut considérer comme le dernier chant du cygne de Pesaro, dîme touchante et glorieuse payée par l'homme de génie à Celui qui l'avait comblé de ses dons.

MEYERBEER (GIACOMO)

NÉ EN 1794, MORT EN 1864

Meyerbeer, l'aîné des trois fils de Jacob Beer, riche banquier israélite, naquit à Berlin le 5 septembre 1794. Dès sa plus tendre enfance, il fut un prodige musical. A quatre ans, il reproduisait sur le piano, en s'accompagnant de la main gauche, les airs que jouaient les orgues des rues. On lui donna pour maître à cinq ans l'habile pianiste Lauska, élève de Clementi, et, l'année suivante, 1800, il paraissait dans un concert à Berlin et recevait des éloges dans la *Gazette musicale* de Leipsick. Clementi revint pour lui seul sur la résolution qu'il avait prise de ne plus professer. Bernard de Weber, le frère de l'auteur du *Freyschütz*, ancien élève de l'abbé Vogler et chef d'orchestre au Grand Théâtre de Berlin, fut choisi pour lui donner les premières leçons de composition, que compléta l'abbé Vogler lui-même, organiste de la cathédrale de Darmstadt et célèbre théoricien. Une fugue qu'il composa, sans aucun aide, excita l'admiration de Weber, qui, tout fier d'avoir fait un tel élève, envoya son travail à Vogler, comptant que celui-ci partagerait son enthousiasme. On attendit plusieurs mois, qui parurent des siècles. Enfin arriva un volumineux paquet envoyé par Vogler : c'était son *Système de la construction de la fugue*, écrit tout entier de la main de l'abbé. Il se divisait en trois parties : la première était un exposé succinct des règles de la fugue ; la seconde, ayant pour titre : *La fugue de l'élève*, analysait la fugue de Meyerbeer et en concluant qu'elle n'était pas bonne ; la troisième, *La fugue du maître*, était une fugue composée par Vogler sur le thème et les contre-sujets de Meyerbeer, avec l'analyse raisonnée mesure par mesure. Weber fut désappointé, mais Meyerbeer fut ravi. Il comprit alors ce qui jusquelà lui avait paru obscur, et il remercia le maître en lui envoyant, au bout de quelque temps, une fugue à huit parties, composée d'après ses préceptes. Vogler fut charmé cette fois, et il écrivit au jeune artiste qu'un bel avenir s'ouvrait devant lui ; que, s'il voulait venir à Darmstadt, il y serait reçu comme un fils et pourrait y acquérir les connaissances musicales qui lui manquaient encore.

Meyerbeer accourut à Darmstadt auprès du maître, et trouva dans son école, pour condisciples, Charles-Marie de Weber, le futur auteur du *Freyschütz*, et son autre frère, Godefroid de Weber. L'émulation fut grande entre les jeunes gens, non moins que l'amitié, pendant les deux années qu'ils travaillèrent ensemble. Après avoir dit sa messe, l'abbé les réunissait, développait une théorie du contre point et leur donnait ensuite à composer un morceau d'église dont il indiquait le thème. A la fin de la journée, le travail de chacun était scrupuleusement examiné et discuté. Parfois on se rendait à l'église principale, qui possédait deux orgues ; l'abbé donnait un sujet de fugue, et les jeunes artistes en improvisaient le développement. Meyerbeer ne tarda pas à faire honneur à son maître, en composant son oratorio *Dieu et la nature*, qui fut exécuté avec succès devant le grand-duc et qui valut à l'auteur le titre de compositeur ordinaire de la Cour. Il eut un égal succès la même année à Berlin (1811), dans un concert donné par Weber au Théâtre Royal.

Vogler ferma alors son école et fit faire à ses élèves leur tour d'Allemagne. On arriva à Munich, et Meyerbeer y fit représenter son premier ouvrage dramatique, la *Fille de Jephté*, qui annonçait plus de science que de mélodie, et était plutôt un oratorio qu'un opéra. Contrarié du froid accueil qu'il reçut, il quitta Munich, et alla faire à Berlin un court séjour. En 1813, secondé par le violoniste Weit, il y exécuta une symphonie concertante pour piano, violon et orchestre, dont les journaux parlèrent avec grand éloge. Il se rendit ensuite à Vienne, pour y faire briller son talent de pianiste. Mais, le jour même qu'il y arriva, il entendit Hummel, et fut saisi d'admiration pour son exécution parfaite et enchanteresse. Meyerbeer fit taire son amour-propre et retarda le moment de se produire en public jusqu'à ce qu'il se fût perfectionné dans ces qualités de l'école viennoise, qu'il n'avait pas acquises chez Clementi. Il travailla avec courage pendant dix mois, vivant dans une retraite étroite, modifia d'une manière sensible son doigté, pour lui donner plus de liant, et il causa une profonde sensation le jour de ses débuts. Chacune de ses exécutions fut un triomphe, et Moschelès a souvent déclaré que Meyerbeer, s'il fût resté pianiste, n'eût peut-être pas eu de rival. Heureusement pour l'art, la composition le séduisit davantage ; mais il n'en est pas moins demeuré un accompagnateur hors ligne et l'homme des nuances et des délicatesses infinies. On s'explique par là ses pointilleuses exigences en matière de répétition. Il voulut toujours qu'on apportât à l'exécution de ses œuvres la conscience qu'il y apportait lui-même.

En 1813, Meyerbeer donna à Vienne *les Amours de Thécelinde*, monodrame avec chœurs qui fut bien accueilli du public et fut suivi la même année d'un opéra bouffon, en deux actes, intitulé : *Abimeleck, ou les deux califes*. Cet ouvrage ne réussit point, et ce fut alors que, sur le conseil de Salieri, le jeune compositeur se décida à aller en Italie pour y apprendre l'art de bien traiter les voix. Meyerbeer passa d'abord par Venise, où le *Tancredi* de Rossini transportait d'enthousiasme tous les amateurs ; mais il dut rester deux ans sans trouver un libretto ni une scène. Il attendit sans impatience, grâce à sa grande fortune, et prépara cette fusion de l'harmonie allemande et de

la mélodie italienne qui est le caractère principal de son talent. Enfin il donna à Padoue en 1817 la première composition de sa nouvelle manière : *Romilda e Costanza*, qui obtint un succès complet. Les Italiens ne marchandèrent pas leurs applaudissements à l'élève de l'abbé Vogler, qui était lui-même l'élève du maître de chapelle de Sant Antonio, le P. Valotti. Deux ans après vint le tour de *Semiramide riconosciuta*, représentée à Turin ; puis, en 1820, celui de *Marguerite d'Anjou*, donnée à la Scala de Milan et mise bientôt à la scène à Paris, à Munich et à Londres ; enfin, cette même année, à Venise, *Emma di Rosburgo* fut représentée quelques semaines après.

Meyerbeer, revenu en Allemagne, fut traité à Berlin de transfuge de l'art allemand, tandis qu'à Vienne on le regardait comme le plagiaire de Rossini. Weber, antipathique comme Beethoven et Mendelssohn à la musique italienne, lui témoigna quelque froideur. Meyerbeer repartit bientôt pour l'Italie et fit jouer au théâtre de Milan sa *Marguerite d'Anjou*, l'*Esule di Granata*, opéra seria où Lablache et la Pisaroni triomphèrent d'une cabale ; et enfin à Venise, en 1824, le chef-d'œuvre de sa manière italienne, *Il Crociato in Egitto*, magnifiquement interprété par Mme Meric Lalande, Velluti et Lablache. Cet opéra fit le tour de l'Italie, de l'Allemagne et de la France, apaisa les rancunes des uns, redoubla l'enthousiasme des autres et donna un émule de gloire à Rossini. L'un des chœurs du *Crociato* devint promptement populaire ; le grand air : *Ah ! come rapida la speme* avec son allegro si gracieux, est devenu un air classique de *bravoure*. Je remarque toutefois qu'ici Meyerbeer a abusé du style italien ; jamais on ne se douterait, en entendant cet air, qu'il s'agit de peindre les angoisses de l'amour maternel.

Après avoir écrit le *Crociato*, Meyerbeer se reposa. Mais ce fut un repos fécond. La première phase de son talent avait été tout allemande ; sa seconde évolution avait été italienne ; la troisième qu'il prépara alors fut celle de son originalité propre. En 1827, il se maria et eut bientôt la douleur de perdre successivement ses deux premiers enfants. Il devint triste, recueilli, et ne fit paraître en plusieurs années qu'un *Stabat*, un *Miserere*, un *Te Deum*, douze psaumes et ses huit cantiques de Klopstock.

La France voulut avoir Meyerbeer chez elle, et le ministre de la maison du roi Charles X, M. de La Rochefoucault, lui fit des propositions qui furent acceptées. Meyerbeer vint et eut à composer la musique d'un libretto de Scribe et Germain Delavigne pour l'Opéra. La révolution de Juillet arriva. L'Opéra cessa de faire partie de la maison du souverain, et devint une entreprise particulière, confiée à l'habileté du docteur Véron. L'obligation de représenter l'opéra de Meyerbeer était insérée au cahier des charges imposé au nouveau directeur. C'était *Robert le Diable*. C'est toute une histoire que les péripéties dont fut entourée la représentation de ce chef-d'œuvre. De splendides décors ayant été exécutés pour le troisième acte, Meyerbeer, qui sait ce qu'il vaut, s'en afflige à une répétition générale et dit au directeur : « Tout cela est très beau, mais vous ne croyez pas au succès de ma musique : vous cherchez un succès de décoration. »

Tous les premiers sujets y tenaient un rôle. Le premier et le second acte furent applaudis ; mais rien n'annonçait encore un triomphe éclatant. Le troisième acte venait de commencer : tout à coup un portant sur lequel étaient accrochées une douzaine de lampes allumées tombe bruyamment sur la scène au moment de l'entrée d'Alice et jonche le parquet de verres brisés. Mlle Dorus qui s'avançait recula de quelques pas sans s'effrayer et continua son rôle avec calme. Arriva alors le beau chœur des démons qui saisit d'émotion toute la salle. Le succès était déclaré, mais on n'en avait pas encore fini avec les terreurs du troisième acte. Un rideau de nuages dont les fils étaient mal attachés s'échappa encore au moment où, venu d'en bas, il atteignait aux frises et tomba sur l'avant-scène, tout auprès de Mlle Taglioni, étendue encore sur son tombeau.

en nonne qui va revenir à la vie. Elle n'eut que le temps de s'enfuir au plus vite pour n'être pas blessée. Ce ne fut pas tout encore ; mais si les émotions de l'admiration et de l'enthousiasme furent pour le public, il y eut encore, au cinquième acte, pour les artistes et le personnel du théâtre une angoisse terrible à propos d'un accident imprévu, dû sans aucun doute à l'entraînement produit sur l'artiste par la musique elle-même. Ici je reproduis textuellement le récit du docteur Véron.

« A la suite de l'admirable trio qui sert de dénouement à l'ouvrage, Bertram devait se jeter seul dans une trappe anglaise pour retourner vers l'empire des morts : Nourrit, converti par la voix de Dieu, par les prières d'Alice, devait au contraire rester sur la terre pour épouser enfin la princesse Isabelle ; mais cet artiste passionné, entraîné par la situation, se précipita étourdiment dans la trappe à la suite du dieu des enfers. Il n'y eut qu'un cri sur le théâtre : « Nourrit est tué ! » Mlle Dorus, que n'avait pu émouvoir le danger qu'elle avait couru personnellement, quitta la scène, pleurant à sanglots ; il se passait alors sur le théâtre, dans le *dessous* et dans la salle, trois scènes bien diverses. Le public, surpris, croyait que Robert se donnait au diable et le suivait aux sombres bords. Sur la scène, ce n'étaient que des gémissements et du désespoir. Au moment de la chute de Nourrit, on n'avait point encore heureusement retiré l'espèce de lit et les matelas sur lesquels tomba Levasseur. Nourrit sortit de cette chute sain et sauf. Dans le *dessous* du théâtre, Levasseur regagnait tranquillement sa loge : « Que diable faites-vous ici ? dit-il à Nourrit en le rencontrant : est-ce qu'on a changé le dénouement ? » Nourrit se pressait trop de venir rassurer tout le monde par sa présence pour engager une conversation avec son camarade Bertram ; il put enfin reparaître, entraînant avec lui Mlle Dorus, pleurant alors de joie. D'unanimes applaudissements éclatèrent dans toute la salle ; le rideau tomba, et les noms des auteurs furent proclamés au milieu d'un enthousiasme frénétique. « Nourrit se fit saigner le soir même, après cette première représentation. »

Robert, Bertram, Alice, Isabelle, etc., sont des personnages devenus populaires partout où l'on chante. Qui ne connaît la ballade originale et colorée : *Jadis régnait en Normandie;* la suave romance : *Va, dit-elle, mon enfant;* le cœur syllabique : *Au seul plaisir fidèle,* avec la fameuse sicilienne : *O fortune, à ton caprice?* Qui n'a admiré le haut comique musical du duo : *Ah! l'honnête homme,* entre le villageois et Bertram? Voilà pour les deux premiers actes. Et dans les trois derniers, que de morceaux qui, avec des beautés différentes, ont obtenu une égale vogue! Ici, ce n'est plus la grâce qui prédomine, mais la force, dans une suite de scènes mystérieuses, lugubres, bizarres, pathétiques. Bornons-nous à rappeler la *Valse infernale,* aux accords sauvages et stridents; les couplets d'Alice : *Quand je quittai la Normandie,* interrompus par l'arrivée de Bertram et suivis d'un duo qui est un chef-d'œuvre de musique expressive d'un si beau jet; le duo : *Si j'aurai ce courage,* où se trouve la phrase si difficile à bien chanter : *Des chevaliers de ma patrie;* l'évocation : *Nonnes qui reposez sous cette froide pierre* empreinte d'une pittoresque énergie; l'air célèbre : *Robert, toi que j'aime;* enfin, le *Chœur des moines,* qui se recommande à la fois par la beauté du chant, l'originalité du rythme et la justesse de l'expression.

Robert le Diable était plus qu'une partition admirable, c'était le point de départ d'une nouvelle école, une conception sans précédents. La science harmonique allemande, pouvait-on croire, avait dit son dernier mot dans les symphonies de Beethoven. Eh bien, non : il lui manquait d'être appropriée à l'action dramatique, et ce fut Meyerbeer qui lui fit faire ce progrès.

Ce qui donne là mesure de l'intelligence artistique de ce M. Véron, c'est qu'il avait considéré l'obligation de monter *Robert le Diable* comme une des clauses onéreuses du contrat qui l'instituait directeur de l'Opéra. Converti par le succès, selon son invariable habitude, le bourgeois de Paris ne songea plus qu'à obtenir de Meyerbeer un second ouvrage. Il fut convenu que le compositeur livrerait dans un délai déterminé l'opéra des *Huguenots*, sous peine d'avoir à payer un dédit de 30.000 francs. Sur ces entrefaites, la santé de Mme Meyerbeer vint à s'altérer, et son mari dut la conduire en Italie. Force lui était, à la suite de ce contre-temps, de demander un répit à l'impresario ; mais Véron fut inflexible, et l'artiste, mis en demeure de s'exécuter, paya le dédit. Cependant le nouveau directeur de l'Opéra ne fut pas longtemps sans comprendre le tort que ferait à ses recettes le retrait d'une partition impatiemment attendue et recommandée d'avance au public par le nom qui la signait. Un arrangement intervint donc entre les deux parties. Les 30.000 francs furent rendus, et les *Huguenots* firent leur apparition le 26 février 1836.

Après le drame de la légende, le drame de l'histoire. L'interprétation du musicien laisse bien loin derrière elle le thème fourni par Scribe, son collaborateur. C'est uniquement à la partition qu'est dû le succès d'un ouvrage qui figurera dans l'histoire musicale de notre temps à côté de *Guillaume Tell*, de la *Juive* et de la *Muette*. L'opéra des *Huguenots* ne saurait être comparé avec ces dernières productions, parce qu'il porte la marque trop spéciale de l'époque romantique au milieu de laquelle il fut conçu. Cependant il a mérité de survivre au romantisme pour n'en avoir exprimé que les beaux caractères.

La partie épisodique abonde en tableaux aussi intéressants au point de vue de la couleur historique que de la valeur musicale, et d'ailleurs très habilement gradués. Les mœurs galantes du temps sont rendues avec *brio* et folie dans l'introduction : *Des beaux jours de la jeunesse*, et avec une grâce étudiée dans la romance : *Plus blanche que la blanche hermine*. L'entrée de Marcel, le choral de Luther et la chanson huguenote apprennent au spectateur dans quel ordre d'idées le drame va se mouvoir. L'austérité protestante se marque ici dans la rudesse des

accents et contraste avec l'humeur insouciante des jeunes seigneurs. Vient ensuite comme une contre-partie féminine de la
scène d'orgie du début: c'est la cavatine du page : *Nobles seigneurs, salut!* le grand air: *O beau pays de la Touraine ;* le
chœur délicieux des baigneuses, la scène du bandeau et le duo :
Beauté divine, enchanteresse. L'action dramatique ne commence, à proprement parler, qu'au moment où huguenots et
catholiques sont mis en présence les uns des autres. Si le *rataplan* calviniste a de l'entrain et de la franchise, les litanies,
pleu ardes et languissantes laissent voir que l'esprit général
de l'œuvre est favorable à la réforme. Après la ronde des bohémiennes et le chant du couvre-feu, la passion de l'amour se
manifeste pour la première fois dans le magnifique duo entre
Marcel et Valentine : *Dans la nuit où seul je veille.* Le septuor
du duel, la scène de la conjuration et de la bénédiction des
poignards sont des morceaux d'une énergie et d'une puissance
dont il y a peu d'exemples au théâtre. L'admirable duo du quatrième acte entre Valentine et Raoul : *Où je vais?... Secourir
mes frères! — tu l'as dit, oui, tu m'aimes,* fait éclater dans toute
leur force les entraînements de l'amour et les résistances de
l'honneur. La catastrophe arrive à la fin du grand trio : *Savez-
vous qu'en joignant vos mains dans les ténèbres.* L'art difficile
des gradations ne saurait être poussé plus loin.

Les principaux rôles de cet opéra furent créés par Nourrit,
Levasseur et Mlle Falcon, les trois artistes bien aimés, je dirais
volontiers, les trois élèves de Meyerbeer, car l'illustre
maître n'a pas peu contribué à développer leur talent par le
soin minutieux qu'il apportait à la bonne exécution de ses ouvrages. Et, si Platon a pu dire que les rhapsodes relèvent du
poète dont ils récitent les vers (ἔχονται ἐκ τοῦ ποιητοῦ), l'inspiration ne descend-elle pas plus intime encore du compositeur
à ses interprètes? Scribe n'est pas l'auteur des plus belles
scènes des Huguenots. Il était dans les Pyrénées pendant qu'on
répétait; Meyerbeer était peu satisfait du poème et demandait

des changements avec cette insistance polie et tenace qui lui
était ordinaire ; ne pouvant les obtenir de Scribe, il s'adressa à
Émile Deschamps, qui, en peu de jours, sous la direction du
maître et aidé de quelques conseils d'Adolphe Nourrit, écrivit
la scène d'entrée de Marcel, la chanson *Piff, paff*, le grand duo
de Marcel avec Valentine au troisième acte, la strette du finale
de ce même acte, le grand air de Raoul dans la scène du bal,
la romance de Valentine qui ouvre le quatrième acte, et le trio
funèbre du cinquième. Il était de toute justice que le nom du
poète figurât sur l'affiche à côté de celui de Scribe et qu'il
partageât avec lui les droits d'auteur. Le vaudevilliste ne l'entendait pas ainsi. C'était le compositeur qui avait demandé tous
ces changements : à lui donc d'indemniser le poète, et à lui,
Scribe, la gloire et l'argent, les plumes de paon enfin. Émile
Deschamps reçut cependant des droits d'auteur ; mais ils furent
prélevés sur la part du musicien, qui s'empressa généreuse-
ment d'y consentir.

Quand Spontini prit sa retraite, Meyerbeer lui succéda dans
les fonctions de premier maître de chapelle de la cour de
Berlin. L'artiste écrivit pour le service du roi Frédéric-Guillaume IV un grand nombre de mélodies diverses, mais surtout
de la musique d'église. Cependant le maître n'était pas infidèle à l'art dramatique ; en 1844, il donna pour l'inauguration
du nouveau Théâtre Royal de Berlin un opéra allemand intitulé :
Un camp en Silésie. Le librettisme Rellstab avait pris pour sujet
de son poème une aventure de la vie militaire du grand Frédéric. Traqué par les pandours, le héros se réfugie dans une
cabane habitée par un ancien capitaine de son armée. Le vieux
soldat sauve le monarque en lui faisant échanger ses vêtements
avec ceux de son propre fils, qui revêtu du costume de Frédéric, sera ainsi désigné à la rage trompée de la soldatesque
hongroise. Au dénouement, le prince, échappé au péril, récom-
pense ceux qui n'ont pas hésité à se sacrifier pour son salut.
La partition, fort remarquable, n'a produit tout son effet

qu'à Vienne, où elle a été exécutée en 1847 avec le concours de la célèbre cantatrice Jenny Lind, chargée du rôle de la Bohémienne Wielka. Paris n'a pas entendu cet opéra sous sa forme originale; mais depuis, le compositeur en a intercalé la plupart des morceaux dans l'*Étoile du nord*.

L'année 1847 vit la représentation de *Struensée*. C'était une tragédie en cinq actes et en vers, écrite par Michel Beer, frère du compositeur. Le poète était mort en 1833 sans avoir pu faire entendre son œuvre. Le roi engagea Giacomo Meyerbeer à y joindre une ouverture et des entr'actes, et ce fut avec ce complément musical que *Struensée* fut enfin donné à Berlin le 21 septembre. La pièce met sur la scène la malheureuse aventure de Struensée, ce médecin élevé par un caprice de la fortune au poste de premier ministre du roi de Danemark, et qui expia bientôt sur l'échafaud sa courte faveur. L'ouverture, qui est peut-être la plus remarquable symphonie de Meyerbeer, et la polonaise, plusieurs fois exécutées au Conservatoire, donnent à penser que la représentation complète de *Struensée* avec la musique du maître offrirait un grand intérêt.

Meyerbeer nous revint avec le *Prophète*, opéra en cinq actes, donné au théâtre de la Nation (Opéra) en 1849. Cet ouvrage, le troisième que le compositeur ait écrit pour notre scène, peut aussi être considéré comme occupant le troisième rang dans l'ordre de ses productions. Assurément, le génie qui avait produit *Robert le Diable* et les *Huguenots* était encore tout entier, et ce n'est pas le mot de décadence qu'il faut prononcer à propos d'une partition où l'inspiration ne fait pas plus défaut que la science. L'artiste restant le même, si sa musique cause des jouissances moins vives, cela tient, comme l'a dit Scudo, au peu d'intérêt d'un « drame théologique où l'amour est sacrifié à des préoccupations plus sévères ».

Par le fait des évènements politiques, Scribe et Meyerbeer se trouvaient avoir écrit, sans y songer, une pièce pleine d'actualité. Il n'y avait pas un an que les communistes de Paris

avaient fait trembler la société, quand le Théâtre-National mit
en scène les communistes de Munster. Nul doute que le souvenir des journées de juin n'ait plané sur la salle attentive aux
horreurs de la guerre de Westphalie.

La partition du *Prophète*, la plus longue du répertoire, ne
compte pas moins de vingt-cinq morceaux. Ceux qui attestent
le plus d'originalité ou qui ont été les plus applaudis sont : le
chœur pastoral du début : *La brise est muette*, qui est plein de
fraîcheur ; l'arioso ou scène dans laquelle Fidès bénit son fils :
Ah! mon fils, sois béni! au troisième acte, l'air de basse : *Aussi
nombreux que les étoiles;* les airs de ballet qui suivent ; le qua-
drille des patineurs d'un rythme neuf et piquant ; le trio des
anabaptistes : *Sous votre bannière*, l'un des plus précieux joyaux
de la partition. Quant au cantique : *Roi du ciel et des anges*,
la mélodie nous en a toujours paru peu distinguée. Le quatrième acte offre, entre autres morceaux de premier ordre,
les couplets de la mendiante : *Donnez pour une pauvre âme*,
aux accents entrecoupés comme des sanglots ; et le chœur des
enfants : *Le voilà, le Roi-Prophète*. C'est merveille de voir
comment, sur une phrase d'une simplicité presque banale, le
maître, grâce à son art profond des crescendos, a bâti l'édifice
du plus magnifique finale. Ne quittons pas le quatrième acte
sans signaler la scène émouvante entre le prophète et sa
mère, scène qui était le triomphe de Mme Viardot.

Après avoir assisté au succès d'abord quelque peu contesté,
mais bientôt établi de son œuvre, Meyerbeer retourna à Berlin
remplir son service près du roi.

Vers la fin de 1851, la santé de l'artiste s'altéra gravement, et
les médecins le condamnèrent au repos. L'année suivante, il se
rendit à Spa, où il a fait depuis plus d'un séjour. C'était là que
le maître se retrempait dans une vie calme, dans des prome-
nades solitaires ; c'était là qu'il faisait provision de forces nouvelles au sortir des fatigues nerveuses que lui occasionnaient
les répétitions de ses opéras.

Nous avons déjà signalé deux évolutions bien distinctes dans Meyerbeer : l'évolution italienne, caractérisée par le *Crociato*, et l'évolution française, à laquelle on doit *Robert le Diable*, les *Huguenots* et le *Prophète*. N'était-ce point assez de transformations et, après s'être fait Français, n'y avait-il point péril pour l'élève de l'abbé Vogler à vouloir se faire Parisien ? Mais, monté jusqu'au faîte, le maître aspirait à descendre. En d'autres termes, les lauriers de l'Opéra ne lui suffisaient plus, et il y voulait joindre les roses de l'Opéra-Comique. De cette ambition malheureuse naquit l'*Étoile du Nord*, représentée le 16 février 1854, et que la critique s'accorda à considérer comme l'erreur d'un homme de génie transporté sur un terrain qui n'était pas le sien. D'abord Catherine et Pierre le Grand sont des personnages assez déplacés à Feydeau. Mais Scribe ici n'est pas seul à porter la responsabilité d'un livret mal fait et dépourvu d'intérêt. Le rôle du cosaque Gritzensko est de l'invention du compositeur et fait peu d'honneur à son goût. Ces réserves faites, et tout en maintenant que l'*Étoile du Nord* ne mérite guère le nom d'opéra-comique, nous rendons hommage au pathétique qui respire dans la romance de Pierre : *O jours heureux*, et à l'entrain qu'il y a dans l'air de Danilowitz, au charme du duettino : *Sur son bras m'appuyant*. Pour ce qui est du déploiement des combinaisons harmoniques et rythmiques, nulle part l'artiste ne s'y est livré davantage. Il n'y avait qu'un musicien versé dans toutes les ressources du métier qui pût produire une pareille œuvre. Ce n'est pas un opéra-comique dans l'acception que l'on donne à ce mot depuis Boïeldieu, mais c'est une partition des plus remarquables, si l'on veut n'y voir que ce qui s'y trouve, c'est-à-dire une suite de tableaux, un kaléidoscope musical. En effet, chœur de buveurs, ronde bohémienne, prière, barcarolle, couplets de cavalerie, d'infanterie, chœur de conjurés, couplets de vivandière, que n'y a-t-il pas dans cette partition de vingt-cinq morceaux ?

Meyerbeer revint encore à l'Opéra-Comique, en 1859, avec
le *Pardon de Ploermel*, opéra-comique en trois actes, paroles
de MM. Jules Barbier et Michel Carré. Une paysannerie bre-
tonne, maussade et ennuyeuse au possible fait tous les frais
du livret. La science des effets musicaux, l'habileté et le fini
des détails, que les artistes admirent dans cette composition,
comme dans toutes celles du maître berlinois, n'auraient peut-
être point suffi à assurer son succès auprès du public, s'il ne se
rencontrait au second acte une scène charmante, poétique,
vraie trouvaille, capable de faire réussir — l'évènement
l'a prouvé — un ouvrage dont une foule de traits ingénieux
ne rachètent pas la triste donnée ; je veux parler de *la valse
de l'ombre*, chantée et dansée par Dinorah. La mélodie en est
distinguée, vive et instrumentée avec un goût exquis ; le retour du thème principal y est ménagé fort habilement. Dans
le troisième acte, je citerai l'air du chasseur : *Le jour est levé* ;
la romance de baryton : *Ah ! mon remords te venge de mon
fol abandon* ; enfin le duo qui amène le dénouement, et le
finale, traités l'un et l'autre avec une science dramatique
consommée.

Malgré ses fonctions à la cour de Berlin, l'auteur des *Huguenots* préférait le séjour de Paris à celui de sa ville natale. Il
aimait la France plus que sa patrie et comme on aime le lieu où
l'on a été prophète — ceci soit dit sans intention de jeu de mots.

A cet homme riche et célèbre, dont la Providence semblait
avoir béni le berceau et dont les Muses avaient embelli la vie,
que manquait-il pour être parfaitement heureux ? Rien peut-
être que la sérénité dans le travail. Meyerbeer avait un trop vif
sentiment de l'idéal, une trop ardente inquiétude du mieux
pour être content de lui-même quand il avait produit un chef-
d'œuvre. C'était pour lui une source féconde de nobles tour-
ments, auxquels se joignaient, hélas ! ceux que lui causait
la critique. L'illustre artiste était, à cet égard, d'une sensibilité extrême ; mais la même disposition d'esprit qui lui rendait

le dénigrement si douloureux lui faisait trouver du plaisir à se voir applaudi, admiré, et comblé de distinctions honorifiques. Soyons indulgents pour cette innocente faiblesse du grand homme. A coup sûr, l'Aigle rouge, l'Étoile polaire, la Couronne de chêne, et même la Légion d'honneur, n'ajoutent rien au mérite de l'auteur du *Prophète* et des *Huguenots* : recevoir ces décorations est peu de chose ; mais c'est beaucoup que d'en être demeuré constamment digne.

Il était écrit que Meyerbeer, après avoir donné ses plus beaux ouvrages à notre scène, rendrait le dernier soupir sur le sol français. Ce fut à Paris en effet que la mort vint le prendre le 2 mai 1864. Rossini était venu le matin même s'informer de l'état du malade, qui était à la fois son ami et son rival ; en apprenant la triste nouvelle, il s'affaissa sur lui-même et resta près d'un quart d'heure sans pouvoir proférer un seul mot. Quelle destinée que celle du maître de Pesaro, réservé à voir passer le défilé mortuaire de toutes les illustrations que la sienne avait précédées : Hérold, Schubert, Bellini, Donizetti, Halévy, Meyerbeer !

Le glorieux musicien était mort, mais il laissait une fille posthume de son génie, cette *Africaine*, si longtemps attendue et qui ne mit pas moins de vingt ans à voir le jour, puisque le livret avait été écrit par Scribe vers 1840. Par combien de remaniements successifs passèrent le poème et la partition, la date de la première représentation, 28 avril 1865, le fait supposer, quand même on ne connaîtrait pas les habitudes d'esprit du maître et les tyranniques exigences de son goût musical. Les deux collaborateurs n'étaient plus quand l'œuvre orpheline fit son apparition à l'opéra. Ce fut Fétis qui en dirigea les répétitions. L'un des premiers, le vaillant directeur du Conservatoire de Bruxelles avait applaudi aux efforts de Meyerbeer et prophétisé ses succès ; nul n'était plus capable et plus digne de remplir la tâche à laquelle l'appelait la redoutable confiance de la famille du compositeur.

Les défauts du livret ont fait tort à la partition de l'*Africaine*. Vasco de Gama n'est pas un héros déplacé sur la scène lyrique, à condition toutefois qu'il figure dans une action dramatique digne de lui. Or tel n'est point ici le cas. Mais, en faisant la part du caractère incertain et ridicule de Vasco, des amours peu intéressantes de Sélika, on doit avouer que cet opéra, le dernier-né du compositeur, tient noblement sa place à côté de *Robert*, des *Huguenots* et du *Prophète*. Parmi les morceaux les plus remarquables, on peut signaler au second acte l'air ravissant du sommeil : *Sur mes genoux, fils du soleil;* l'air chanté par Faure : *Fille des rois, à toi l'hommage*, et le finale, inouï au théâtre, qui se compose d'un septuor vocal sans accompagnement. Dans l'acte du vaisseau, on distingue le gracieux chœur de femmes : *Le rapide et léger navire;* la prière : *O grand saint Dominique*, et la ballade dite par Faure : *Adamastor, roi des vagues profondes.* La grande marche indienne du couronnement, marche dont l'effet ne le cède pas à celui de l'admirable ouverture de *Struensée;* l'air de Vasco : *Paradis sorti du sein de l'onde*, d'une mélodie ravissante, mais adapté à une situation ridicule; enfin, le grand duo qui exprime avec tant de bonheur l'extase de l'amour : voilà pour le quatrième acte. Je me bornerai à citer, dans le cinquième, la fameuse scène du Mancenillier, annoncée par une phrase de seize mesures à l'unisson. Les mélodies chantées par Sélika mourante sont pleines de passion sauvage et tendre. Malheureusement, la situation est plus forcée que forte, et, en dépit des séductions de la musique, le spectateur est faiblement ému. Outre l'*Africaine*, Meyerbeer avait laissé inédite une partition écrite sur un drame de M. Blaze de Bury, intitulé : *La jeunesse de Gœthe.* Cet ouvrage, destiné à l'Odéon, n'a pas encore été représenté. Je me plais à espérer que le public n'en sera pas privé indéfiniment.

On a quelquefois nié le goût français en musique, et, en exagérant l'importance de la question d'origine, on a dit que la plupart des chefs-d'œuvre, applaudis sur notre grande scène lyrique, avaient été écrits par des étrangers. Soit; mais est-ce un pur accident qui a fait naître chez nous, depuis un siècle, les deux *Iphigénies*, *la Vestale*, *Guillaume Tell*, *la Favorite*, *Robert le Diable*, *les Huguenots?* Est-ce une simple combinaison du hasard qui a attiré chez nous, à diverses époques, des hommes comme Gluck, Spontini, Rossini et Donizetti? l'École française peut à bon droit s'enorgueillir

Des enfants qu'en son sein elle n'a point portés.

Ils sont siens, en effet, par un ensemble de qualités qu'ils n'apportaient ni d'Allemagne ni d'Italie, et qui appartenaient à notre tempérament national : clarté, précision, sobriété nerveuse, force expressive. Et Meyerbeer, n'est-il pas lui-même un transfuge éclatant de la tradition germanique, un Allemand qui a dépouillé le vieil homme sous l'influence du goût français?

FIN

TABLE DES MATIÈRES

FIN DE LA TABLE DES MATIÈRES.

4873-07. — Coulommiers. Imp. PAUL BRODARD. — 5-08.

CORBEIL. — Imprimerie Éd. CRÉTÉ.